도쿄 30년, 일본 정치를 꿰뚫다

아베의 아름다운 일본은 있는가

도쿄 30년,
일본 정치를 꿰뚫다

1판 1쇄 발행 | 2018년 10월 5일
1판 2쇄 발행 | 2019년 9월 20일

지은이 이헌모

펴낸이 송영만
디자인자문 최웅림

펴낸곳 효형출판
출판등록 1994년 9월 16일 제406-2003-031호

주소 10881 경기도 파주시 회동길 125-11
전자우편 info@hyohyung.co.kr
홈페이지 www.hyohyung.co.kr
전화 031 955 7600 | 팩스 031 955 7610

이 도서의 국립중앙도서관 출판예정도서목록(CIP)은 서지정보유통지원시스템
홈페이지(http://seoji.nl.go.kr)와 국가자료공동목록시스템(http://www.nl.go.kr/kolisnet)에서
이용하실 수 있습니다.(CIP제어번호: CIP2018031017)

도쿄 30년, 일본 정치를 꿰뚫다

이헌모 지음

효형출판

글을 시작하며

일본이 '우경화'되고 있다. 전전(戰前)의 '군국주의'로 회귀하려 한다. 평화 헌법을 개정하여 '군대'를 보유하고 전쟁 가능한 국가로 개조하려고 한다는 언설이 신문이나 방송, 인터넷에 등장하는 빈도가 늘고 있다. 특히 아베 정권의 탄생 이후 이러한 경향이 두드러진다.

일본에서 삼십 년 가까이 한국인으로 살면서 과거에는 없었던 일종의 불안감을 느끼게 된 것도 사실이다. 백주 대낮에 도쿄 한복판에서 "한국인 죽어라", "한국인 물러가라"는 헤이트스피치(데모)가 보란 듯이 목청을 드높이고, 텔레비전에선 한반도 정세를 둘러싼 부정적인 보도가 흘러넘친다. 확실히 일본 사회는 필자가 일본에 처음 발을 디딘 1990년대 초에 비하면 우경화되고 있으며, 일본이 최고라는 '일본 예찬론'과 함께 한국과 한국인에 대한 폄하와 비방으로 가득 채워진 '혐한(嫌韓)서적'이 베스트셀러가 되는 기괴한 내셔널리즘이 창궐하고 있음을 실감한다.

그렇다면 이러한 사회 현상이나 변화가 일어난 원인은 무엇일까? 이에는 다양한 분석이나 평가가 있겠지만, 일본 정치의 '우클릭'이 사회의 여론과 방향을 우향우로 유도하는 큰 요인이라 생각한다. 과거 일본이 제2차 세계대전을 일으키고 아시아 국가에 막대한 피해와 고충을 안겼던 역사를 상기하지 않더라도, 일본의 우경화는 가장 인접한 나라인 한국에는 경계와 불안의 대상일 수밖에 없다. 따라서 우리는 일본 사회의 변화와 추이를 정확히 짚어보며 예측하고 대비할 필요가 있다.

　사회질서를 유지하며 국민의 행복과 안전보장을 위해 노력하는 것이 정치의 역할이라 할 수 있다. 그런 점에서는 한국이나 일본의 정치가 다를 수 없다. 그러나 일본의 정치체제는 한국과는 다른 의원내각제이다. 이는 국가의 중요 정책을 결정하는 의사 결정 시스템이 한국과는 다르며, 국가의 주요 정책을 결정하고 수행하는 정치와 행정 방식 또한 다를 수밖에 없음을 의미한다.

　예를 들어 대북한(対北韓) 정책에 관한 한국과 일본의 입장이 엇갈린다. 한국의 문재인 정부가 대화를 통한 평화 구축을 기저로 삼는다면, 아베 정권은 경제 제재와 압박을 통한 해결을 중요시한다. 따라서 일본이라는 나라의 향방을 살펴볼 때는 한국과 일본의 환경과 견해가 다름을 먼저 인지할 필요가 있다.

　주지하다시피 일본은 반세기 이상 자민당이 집권당 자리를 차지하는 세계에서 흔치 않은 특이한 정치 구조를 갖고 있다. 따라서 일본 정치를 알기 위해선 우선 집권 자민당의 면면을 살펴보아야 한다. 또한 현재 장기 집권 중인 아베 신조(安倍晋三) 수상의 등장과 함께 일본이 우향우하고 있다고 회자된다. 그러면 과거와 비교하여 무엇이 어떻게 바뀌고 변화하여 우향우하고 있다는 것이며, 그 내막과 배경은 어떤 것인가를 살펴보아야만 한다.

　한국과 일본은 제반 역사 사안과 그에 얽힌 영토 문제 등으로 대립하고 있다. 이런 갈등은 특히 정치와 관련되어 정도가 심하다. 그럼에도 불구하고 일본을 찾는 외국인 중 두 번째로 많은 나라가 한국이다(2017년 전체 방일 외국인 수는 2,869만 명. 1위는 중국의 735만 명이고, 한국은 714만 명으로 2위). 반대로 한류 붐 이후 한국 팬이 되어 한국을 찾고 한국 드라마에 심취하고, 케이팝(K-POP)을 즐겨 들으며, 한국 음식점에서 식도락을 즐기는 일본인이 늘고 있다. 경제적으로 한일 간의 비중이 과거에 비해 감소하고 있다고는 하지만 민간 부문의 교류나 이동은 여전히 활발하다.

한국에서는 요즘의 일본 정치와 사회의 우경화에 대한 우려와 비난이 많이 눈에 띈다. 인터넷에는 상호 비방과 저주의 댓글이 차고 넘친다. 그러나 대부분은 역사 인식을 둘러싼 이견, 독도 문제를 둘러싼 대립, 헌법 개정과 한반도 정책을 둘러싼 엇갈린 행보 등이 비난의 주된 대상이며, 일본 사회의 우경화가 어떤 논리와 구조 속에서 진행되고 있는지 등에 대한 심층적인 분석이나 언급은 찾아보기 힘들다.

이 책은 필자가 일본에 체류하면서 겪은 경험과 생각을 바탕으로 구성되었다. 그러나 단순한 생각과 경험으로만 책을 쓸 수는 없는 일이다. 대학에서 일본 학생들에게 정치·행정을 강의하면서, 일본 사회의 우경화 현상에 대해 늘 사유하고 관찰하며 스스로에게 던진 질문에 대한 답을 정리한 것이 이 책이다. 아직 정치에 대한 지식이나 경험이 부족한 학생을 대상으로 한 내용이므로 가능한 알기 쉽게 쓰려고 노력했다. 학술서가 아니므로 논리적이고 체계적인 구성으로 전개하기보다는 주요 화두와 테마에 대해 설명하며 이야기를 풀어 나가는 강의 형식으로 구성했다.

이 책을 통하여 제시하고자 하는 것은 한 국가의 향방을 결정짓는 조타수 역할을 하는 것이 정치라고 할 때, 일본이 과거에 비해 우경화되고 있다고 한다면 집권당으로 반세기 이상 좌지불천(坐之不遷)하고 있는 자민당을 살펴보는 것이 불가피하다는 점이다. 또한 자민당의 역사에서 많은 정권과 수상이 탄생했지만, 아베 정권의 탄생과 장기 집권이 가능한 배경 등을 살펴봄으로써 자민당과 아베 정권의 관계를 촘촘히 고찰하고자 한다.

전후 반세기 이상 일본의 집권당으로 자리 잡아 온 자민당. 그 자민당이 만들어 낸 정권이 아베 정권이다. 아베 정권과 자민당의 관계를 해부해 볼 때, 지금은 과연 자민당의 아베 정권인가? 아니면 아베 정권의 자민당인가? 이 두 가지 상반되는 물음을 통해 일본 정치의 속살을 들여다본다.

차례

4 글을 시작하며

제1장 정치는 선거가 전부일까

17 아베의 해산 총선거는 신의 한 수인가
20 고이케 유리코(小池百合子)란 정치가의 민낯
24 과연 아베는 선거의 제왕인가
32 내가 본 일본 ❶ 고이케 도쿄 도지사의 탄생

제2장 나약한 일본 수상

39 미국 대통령과 일본 수상 중 누구의 권한이 강할까
42 미국 대통령과 일본 수상의 권한
43 법안 제출 권한과 의회와의 우호적 관계
46 수상의 정당 장악
48 국회의원은 당선과 동시에 다음 선거를 준비해야 한다
50 국회의원이 되기 위해 필요한 세 가지

제3장 파벌 정치와 수상의 관계

57 자민당 파벌 정치의 형해화(形骸化)
62 파벌 정치 쇠퇴의 최대 수혜자는 아베
64 아소 다로와 자민당의 조락(凋落)
67 구관이 명관인가, 민주당 정권의 실패
69 내가 본 일본 ❷ 민주당으로의 정권 교체를 지지했던 이유
72 내가 본 일본 ❸ 일본은 차별 국가인가
76 수상의 '전가의 보도' 국회 해산권
82 국회 해산권을 이용한 당권 장악 프로세스
86 어제의 동지가 오늘의 적

제4장 거대 정당 자민당을 이끄는 메커니즘

92 간사장
97 당내 주요 간부
100 자민당의 구습과 관행의 붕괴

제5장 아베 삼대

107 조부는 반전과 평화주의를 주장한 반골 정치가
109 아버지 신타로는 친한파인가
111 아베 신조는 평범하고 얌전한 학생

제6장 삼류 정치와 포스트 아베

121 일본 정치는 삼류인가
126 포스트 아베
129 다니가키 사다카즈(谷垣禎一) ㅣ 131 이시하라 노부테루(石原伸晃) ㅣ 133 이시바
시게루(石破茂) ㅣ 137 고이즈미 신지로(小泉進次郎) ㅣ 139 기시다 후미오(岸田文雄) ㅣ
142 고이케 유리코와 여성 정치가들

제7장 아베의 독주를 가능하게 하는 것들

149 아베의 사람들
153 수상 관저 기능의 강화
154 관료 주도에서 정치 주도로
157 민주당의 관료 운용 실패
160 인사는 만사, 인사권의 장악
165 내가 본 일본 ❹ 차검(車検) 제도의 정치학
168 내가 본 일본 ❺ 철(鉄)의 트라이앵글
172 아베 정권과 언론

제8장 아베 정권과 일본국 헌법

179 일본국 헌법과 자위대
183 점령군에 강요된 헌법
185 집단적 자위권 해석 변경으로 무력행사 가능
187 집단적 자위권이란
192 집단적 자위권 해석 변경을 위한 파격 인사

제9장 아베의 최종 목표

197 아베 정치 과정의 의문점
201 아베 장기 집권의 성과
204 헌법 개정은 가능한가
206 강요된 헌법
209 개헌을 위한 구체적 움직임

제10장 아베 정권과 일본회의

215 일본회의(日本会議)의 정체
218 일본회의의 구체적 활동
222 21세기에 웬 애국 교육인가
229 일본회의와 정치가들의 밀접한 관계

제11장 포스트 아베와 향후 일본 정치

238 향후 아베 정권의 향방
241 우경화는 계속 진행 중

245 글을 마치며
250 에필로그
252 주요 참고 문헌
253 부록: 전후(戦後) 역대 수상 연표

제1장

정치는 선거가
전부일까

일본 국회는 양원제를 채택하고 있으며 하원에 해당하는 중의원과 상원이라 할 수 있는 참의원[1]으로 나뉜다. 중의원은 '소선거구 비례대표 병립제'로 정원 465명 중 지역구 289명, 비례대표 176명이다. 일본 최대 정당이며 최장수 집권당인 자유민주당(自由民主党, Liberal Democratic Party of Japan, LDP), 즉 자민당(自民党)은 1955년 일본 민주당과 자유당이 합당하여 결성된 보수정당이다. 자민당을 제외한 다른 정당이 합종연횡과 이합집산을 반복하며 창당과 소멸의 험로를 걸어온 것에 비해, 자민당은 합당 이후 지금까지 일부 의원들의 탈당과 복귀는 있었으나, 한 번도 당이 쪼개지는 붕당을 겪지 않고 환갑을 넘긴 가장 안정된 정당이다.

2018년 1월 현재 자민당의 의석수는 중의원 283석(정원 465석), 참의원 125석(정원 242석)으로 양원 모두 과반수를 차지하는 명실공히 제1당으로 자리 잡고 있다. 60년 넘는 역사에서 자민당이 집권 정당의 지위를 잃었던 것은, 1993년 자민당과 공산당을 제외한 정당들에

---

1 참의원은 임기가 6년이며 해산이 없다. 3년마다 정원의 절반을 선거로 뽑는다. 수상은 중·참의원 중 어느 쪽이나 상관없으나, 이제까지 참의원에서 수상이 나온 바가 없기에, 이 책에서는 주로 중의원에 대해 중점적으로 다룬다.

일본 국회의사당. 이 건물은 1936년 제국의회 의사당으로 건설되었다. 좌우 대칭이 특징이며, 정면을 마주보고 왼쪽에 중의원, 오른쪽에 참의원이 배치되어 있다.

의한 호소카와(細川護熙) 연립 정권에 정권을 넘겨준 것이 처음이다. 일 년 후 자민당은 당시 사회당 등과의 연립 정권으로 정권에 복귀한다. 그 후 2009년 총선에서 민주당에 참패하면서 정권을 잃는데, 진정한 의미에서의 정권 교체는 이때가 처음이다.

집권 정당에서 제1야당으로 전락한 자민당은 민주당 정권의 국정 운영 미숙과, 2011년 3월 11일에 발생한 동일본 대지진의 수습과 복구 과정에서 드러난 민주당의 실정에 힘입어, 2012년 12월 16일 실시된 총선거[2]에서 아베 자민당 총재의 주도하에 압승을 거둔다. 자민당은 공명당과의 연립 정권을 꾸리며 아베를 수상[3]으로 재차 집권당으로 복귀하여 현재에 이르고 있다.

민주주의의 기본 원리인 삼권분립에 의거한 국가 운영에 있어 대

---

2 선거의 결과는 여당 민주당의 역사적 대참패였다. 3년 3개월에 걸친 정권 교체에서 다시 자민당에게 정권을 내주는 결과로 끝났다. 민주당은 선거 전의 230석에서 거의 1/4 수준인 57석밖에 얻지 못하였다. 한편 제1야당이었던 자민당은 선거 전 119석에서 294석을 획득하는 압도적 승리를 거두어 단독으로 절대 안정 다수(269석)를 확보함은 물론, 공명당의 31석까지 합치면 중의원 재가결(再可決)과 개헌 발의가 가능한 2/3를 넘는 325석을 확보하며 정권 탈환에 성공했다.

3 일본에서는 3권(입법, 행정, 사법)의 하나인 행정부에 해당하는 내각의 수반인 '수석재상(首席宰相)'을 줄여 '수상(首相)'이라고 한다. 뉴스 등에서 읽거나 말할 때는 '총리대신(総理大臣)' 또는 '총리(総理)'라고 한다. 어느 쪽을 사용해도 무방하나 이 책에서는 행정부의 수반이라는 뉘앙스가 강조된 '수상'을 사용했음을 밝힌다.

통령제든, 의원내각제든 국민의 대표를 뽑는 선거는 매우 중요하다. 대통령을 국민이 직접 선출하는 한국과 달리 일본은 의원내각제를 채택하고 있으므로 국민은 국회의원만을 대표로 뽑는다. 최대 다수당의 대표(자민당은 총재)가 수상이 되어 정부를 구성하는 일본의 경우, 국회의원 특히 중의원 선거는 그 결과에 따라 정권의 담당자인 수상이 결정되고 정부가 구성되므로 국회와의 관계는 대통령제에 비해 보다 긴밀하게 협조하는 구조를 갖는다. 따라서 정권을 잡고 안정적인 국정 운영을 위해서는 국회 의석 과반수 확보는 필수다.

자민당이 55년 창당 이래 현재까지 장기간 일당 지배가 가능한 최대 요인은 결정적으로 수상을 선출하고 정부를 구성하는 중의원 총선거에서 패배한 적이 없기 때문이다. 물론 1983년(록히드 해산)과 1993년(반 자민당 연립 정권에 의한 정권 교체)에 치러진 총선거에서 자민당의 패배로 기록될 만큼 단독 과반수에 실패한 선거도 있었으나, 타 정당과 연립 정권을 꾸리는 묘책으로 정권을 유지하면서 연명해 왔다. 그러나 위의 두 선거도 자민당의 패배로 단독 과반수 확보에는 실패했으나 여전히 제1정당의 자리는 굳건히 지키고 있었음에는 변함이 없다.

자민당 창당 이후 중의원 선거에서 유일하게 대패한 것이 2009년 민주당에 의한 정권 교체가 이뤄진 총선거이다. 자민당 역대 수상 가운데 장기 집권한 수상들의 특징은 재임 중 중·참의원 선거에서 크게 패한 적이 없으며, 비록 의석수를 줄이는 패배를 하더라도 타 정당과의 연립으로 위기를 모면하거나, 차기 선거에서 만회하며 자신의 입지와 리더십을 공고히 다지며 임기를 늘려왔다는 점을 주목해야 한다. 따라서 일본에서 장기 집권 수상이 되려면 우선 자민당 소속이어야 하며, 국민적 인기를 바탕으로 선거에 강한 정치가여야 한다는 조건이 전제된다.

물론 처음부터 그랬던 것은 아니다. 과거 자민당은 '파벌 연합 정치'의 결정체로 불렸으며 실제로 파벌 간의 조정으로 수상이 탄생하고 바뀌곤 했다. 그러나 지금까지 많은 변모가 있었으며, 그 수혜를 가장 많이 받고 있는 사람이 다름 아닌 아베 수상이라고 할 수 있다. 이 점에 관해서는 앞으로 상세히 살펴보도록 한다.

선거의 의미가 민주주의 국가에서 중요함은 두말할 나위가 없겠으나 국회에서 수상이 선출되고 행정부가 구성되는 의원 내각제의 특성으로 볼 때, 일본에서 선거의 중요성은 다른 나라의 그것과 비교할 수 없다. 더구나 일본처럼 반세기 이상 자민당 일당 지배와 독주가 가능한 특수성에 비추어 볼 때, 선거의 의미는 우리의 상상을 뛰어넘는다.

그렇다면 지금 아베가 전후 최장수 수상 재임 기록 경신을 눈앞에 두고 있을 정도로 장기 집권하는 현실을 어떻게 해석해야 할까? 물론 이미 언급한 대로 아베가 이전 수상들보다 선거에 강한 것이 가장 큰 요인임은 분명하다. 그러면 아베의 탁월한 정치력과 국정 운영 능력이 그를 선거의 제왕으로 등극하게 했을까? 그에 대한 해답을 찾기 위해 2017년 10월의 중의원 해산 총선거를 실례로 일본 선거의 특성을 살펴보도록 한다.

아베의 해산 총선거는 신의 한 수인가

－고이케 도쿄 도지사와의 진검 승부

작년에 이어 올해도 아베 정권에 대한 의혹 보도가 연일 이어졌다. 다름 아닌 2016년에 불거진 모리토모 학원(森友学園) 국유지 헐값 매각에 이어 카케 학원(加計学園) 수의학부 설립 허가에 청탁과 권력의 압력이 있었다는 의혹이다. 얼마 전에는 모리토모 학원 국유지 매각을 다룬 재무성 문서가 위조된 것으로 밝혀졌다. 이 때문에 아베 수상이 대국민 사과까지 하는 사태로 번졌으며, 정권 탄생 이래 최대의 정치 위기를 맞았으나 아베 정권은 버티기로 일관하며 위기를 모면해 왔다.

그런데 돌이켜보면 바로 일 년 전인 2017년 10월, 아베 수상은 돌연 중의원 해산 총선거를 실시하는 모험에 나선다. 2012년 12월 총선에서 대승하며 민주당으로부터 정권을 탈환한 후, 높은 지지율로 고공행진하며 거침없는 국정 운영을 해온 아베는 사학 스캔들로 인해 지지율이 나날이 급락하더니 20%대까지 곤두박질치는 큰 위기를 맞는다. 일본에서 통상 정권 지지율 20%대는 '정권 유지 위험수위'라 하여 내각 총사퇴 또는 중의원 해산 총선거를 요구하는 목소리가 높아지며, 이를 수용하는 것이 암묵적인 관행이다. 아베는 내각 총사퇴라는 불명예를 피해 중의원 해산 총선거라는 정치 생명을 건 도박을 한다.

해산 총선거가 결정되자 각 당은 새로운 판세 다툼 형세로 돌입했

다. 집권당인 자민당과 공명당은 잔잔한 호수처럼 고요한 듯 보이지만 속내는 일희일비하는 나날이 이어진다. 우선 희소식은 제1야당인 민진당(民進黨)이 공중 분해되어 완전히 와해된 것이고, 걱정거리는 고이케 도쿄 도지사가 이끄는, 건전한 보수를 슬로건으로 내세운 '희망의 당(希望の黨)'이 예상치 못한 돌풍을 일으키며 선거판을 좌지우지하는 위협적인 존재로 부상하고 있기 때문이다.

항간에는 아베나 고이케나 도긴개긴이고, 그 나물에 그 밥이라는 평이 있다. 필자는 아베보다도 고이케를 더 주시해야 한다고 생각한다. 왜냐하면 아베가 올해 자민당 총재 선거에서 3선을 이룬다 해도 앞으로 3년여밖에 정치적 수명이 남지 않았지만, 고이케는 도쿄 도지사를 발판으로 앞으로 더 크게 성장할 수 있는 성장 기대주로 보수 우익 세력의 지지를 발판으로 하기 때문이다.

아베가 해산을 선언하며 이번 선거를 '국난 돌파 선거'라 명명하였는데, 여기서 돌파 대상이 국가가 처한 위기인지, 아니면 본인이 처한 위기인지는 불분명하다. 아베는 중의원의 과반수 233석을 승패 라인이라 공언한다. 해산 전의 중의원 정원은 475명이었으나, 이번 선거부터는 10명이 준 465명이다. 과반수 확보가 여당의 지상 과제인 건 동서고금의 철칙이지만, 아베 자신은 해산 총선거에서 의석수를 늘릴 자신이 없음을 자인하고 있는 셈이다.

해산 전 중의원 정당별 의석수를 보면 자민당 285석, 공명당 35석, 민진당 88석, 공산당 21석, 일본 유신회 15석 등의 분포였다. 현역 자민당 의원 수가 285명임에도 불구하고, 정원이 10명 줄었다는 점을 감안하더라도, 승패 라인 233석은 상당히 적게 잡은 숫자다. 물론 지레 엄살을 떠는 표면적(다테마에, 建前) 전략일 수도 있으나, 제반 정황을 보면 아베 자신도 이번 해산 총선거가 자민당과 자신에게 불리하다는 점을 충분히 인지하고 해산 총선거라는 마지막 카드를 꺼내들 수밖에 없었다는 사실을 드러낸 셈이다.

고이케 유리코(小池百合子)란 정치가의 민낯

그럼 이번 선거에서 연일 이슈를 토해내며 가장 주목받고 있는 고이케 도쿄 도지사에 대해 살펴보자. 이 사람은 최고 권력자나 그 주변에 기생하며 튀는 언행으로 주목을 받고자 하는 성향이 강했던 인물이다. 자신의 정치적 운신을 위해 정책이나 주장을 주저 없이 바꾸는 사람이며, 일본 역사상 최초의 여성 총리대신이라는 원대한 꿈을 좇아 달려왔고 앞으로도 더 힘차게 뛰어갈 야심찬 정치인이다.

1952년생인 고이케 지사는 일본에선 드물게 이집트 카이로 대학교를 졸업하고 방송 캐스터로 활약하면서 인지도를 높인 후, 1992년 호소카와 전 수상이 이끄는 일본 신당(日本新党) 소속으로 당선되어 정치가로 데뷔했다. 호소카와 신당이 당시 반(反)자민당 연합 정권이었음을 감안하면 고이케는 자민당과는 대척점에서 정치를 시작한 것이다. 그 후 호소카와 정권 실각 후 오자와 이치로(小沢一郎)와 함께 신진당(新進党), 보수당(保守党) 등에서 분당과 창당 과정을 함께 하더니 돌고 돌아 자민당에 입당한다.

자민당 입당 후에는 2003년 고이즈미(小泉純一郎) 내각에서 환경대신을 역임하고, 제1차 아베 내각에서는 2007년 여성으론 처음으로 방위대신(국방부 장관)을 거치며 화려한 이력을 쌓는다. 그 후 2008년

2016년 7월 도쿄 도지사 선거 유세 중인 고이케 후보.

9월 후쿠다(福田康夫) 수상의 사임에 따른 자민당 총재 선거에 나서지만, 아소 다로(麻生太郎)에 패하며 첫 여성 자민당 총재의 꿈을 접는 시련을 맛보기도 한다.

그 후 자민당이 민주당에 정권을 내준 야당 시절에는 자민당 총무회장을 역임하며 당내 주요 역할을 담당했다. 2016년 마쓰조에(舛添要一) 도쿄 도지사 사임으로 치른 선거에 뛰어들며 자민당과 옥신각신하더니 결국 자민당을 탈당하게 된다. 선거에서는 첫 여성 도지사라는 기대와 함께 압승을 거두어 현재에 이르고 있다. 고이케는 정치 입문부터 지금까지 호소카와 모리히로, 오자와 이치로, 고이즈미 준이치로, 아베 신조 등 당대 최고 권력자 내지는 총리대신의 주변을 맴돌며 자신의 정치적 입지를 크게 높여왔다. 필요에 따라선 언제든 관계를 정리하고 새로운 파트너를 찾아 옮겨 다니는 철새 같은 행보를 서슴지 않았음을 알 수 있다.

고이케는 자신이 이끄는 '희망의 당' 공천을 받고자 하는 '민진당' 출신 의원들에게 10개 항목으로 구성된 '정책 협의서'에 서명할 것을 강요했다. 그중 하나가 '외국인 지방 참정권 부여 반대'와 '헌법 개정 지지'가 있다. 헌법 개정에 대한 입장은 차치하더라도 외국인 참정권 부여에 대한 고이케의 변절이 무섭다. 왜냐하면 외국인 참정권 부여에 대해 고이케는 애초에 찬성하는 입장이었기 때문이다. 무엇이 그녀를 이토록 변절하게 만들었을까 하는 점은 연구 대상이지만, 사상이나 이념을 바꾸는 '전향'과 정책 노선이나 입장을 뒤바꾸고 정치적 동지와의

2016년 제31회 리우 데 자네이루 하계올림픽 폐막식에서 국제올림픽위원회 위원장 토머스 바흐(Thomas Bach)로부터 2020년 개최지인 도쿄 도지사로서 오륜기를 건네받는 고이케.

결별을 서슴지 않는 '변절' 행위를 통해 오늘날의 여성 정치가 고이케는 성장해왔다.

외국인 참정권 반대를 드러내놓고 천명하는 것을 보면, 과거 고이케가 참정권 부여에 긍정적이던 시절에 비해 일본 사회의 가치관이 우측으로 많이 기울었음을 알 수 있다. 또한 외국인 참정권 부여에 경기를 일으키며 과민 반응을 보이는 우익 세력과 인터넷에 기생하며 국수주의적 여론을 형성하고 확산하는 넷우익에 대한 메시지로도 읽힌다. 즉 우익과 보수 모두를 아우르는 정책으로 외국인 참정권 문제만큼 좋은 먹잇감이 없다. 여론 정치에 탁월한 감각을 가진 그녀가 이를 놓칠 리가 없다.

고이케에겐 '승부사' 또는 '갬블러'라는 수식어가 뒤따른다. 그러나 승부사 기질과 갬블러 같은 촉보다는 오히려 냉혹한 측면이 더 돋보인다. 한때 미모의 방송 캐스터 출신이라는 알량한 자존심이 아닌, 정치가로서 자신의 존재가 무시당하거나 비하됐을 때 철저히 응징하는 모습은 섬뜩하기까지 하다. 고이케는 2016년의 도지사 선거에서 자민당 추천 후보와 진보 세력 후보에 큰 표차로 압승을 거두었다.

도지사에 취임하자마자 제일 먼저 착수한 일이 선거 때 자신에게 '화장떡 중년(大年增の厚化粧)'이니 '거짓말쟁이'니 하며 모욕적인 발언을 서슴지 않았던 일본 우익의 태두 이시하라 신타로(石原慎太郎) 전(前) 지사에 대한 앙갚음이었다. 한동안 일본 매스컴을 떠들썩하게 했던 도쿄 쓰키지(築地) 수산시장 이전을 앞두고 드러난 부실 공사와 허술한 계약 관계 등을 둘러싼 부패의 정점에 전 지사가 있다는 설정으로 이시하라에게 공개적인 망신을 준다. 고령에 병을 앓던 그의 명줄을 당기는 복수극을 연출했고 멋지게 성공했다.

어쨌거나 고이케가 선풍을 불러일으키며 선거판을 크게 요동치게 한 건 사실이다. 하지만 그 열풍은 나날이 기세가 떨어져 간다. 현 도지사직을 수행하면서 국정에 깊이 관여하는 것이 과연 바람직한가, 도지사직을 1년 만에 팽개치고 중의원 선거에 출마하는 것이 과연 바람직한가 등의 비판 여론도 만만치 않았다. 고이케 지사의 독선적인 당 운영 방식도 여론의 도마에 오르기 시작했다. 아베의 독선적인 행보가 적지 않은 비난을 받아온 것과 전혀 다를 것 없는 독선적 정치가의 구태의연한 정치 수법을 고이케도 그대로 답습하고 있다.

과연 아베는 선거의 제왕인가

2017년 10월 22일, 해산 총선거가 실시되고 자민당이 284석(선거 전 285석)을 차지하는 승리로 막을 내렸다. 선거 전의 예상을 크게 뒤엎는 결과가 나타난 것이다. 각 정당의 의석 분포는 자민당과 연립 정권의 공명당이 29석으로, 두 정당을 합치면 313석이다. 이는 중의원의 3분의 2(정원 465석)를 넘는 수치다. 야당은 입헌민주당 55석, 희망의 당 50석, 공산당 12석, 일본 유신회 11석에 머무르는 결과를 보였다.

위의 결과는 당초 아베가 승패 라인으로 설정한 233석을 훨씬 웃도는 대승이다. 그러면 앞에서 살펴본 대로 사학 스캔들 때문에 아베 정권에 대한 지지율이 사상 최저를 기록하고 있는 최악의 상황에서 예상치 못한 선거 결과로 이어진 원인은 무엇인가? 정말 아베는 선거의 제왕이라 불릴 만큼 탁월한 안목과 능력을 갖춘 정치가인가? 선거는 눈에 띄지 않는 생물체와도 같아서 언제 어디로 튈지 모른다. 따라서 예상과 결과가 크게 엇갈리는 경우가 많다. 이번 총선이 그랬다. 그럼 당초 선전이 예상되던 고이케 지사의 추락과 아베 자민당의 압승 원인이 무엇인지 살펴보도록 하자.

첫째, 고이케의 자만과 전략·전술의 부재.

2016년 도지사 선거와 이듬해의 도쿄도 의회 선거에서 선풍을 일으키며 압승[4]을 거두었던 고이케의 자만이 화를 자초했다. 시작은 창대했으나 전략과 전술에서 실패했다. 고이케는 전형적인 철새 정치인이며, 여론의 향배에 매우 민감하게 반응하는 포퓰리즘 정치가다. 아베가 해산 총선거로 마음을 굳힐 때까지는 유화적인 스탠스를 유지하던 고이케는 아베의 해산이 확정적이라 판단되자, 아베의 중의원 해산 발표에 앞서 긴급 기자회견을 연다. 그리고 스스로 당 대표를 맡아 선거를 진두지휘하겠다고 선언한다. 아베의 뒤통수를 친 것이다.

아베에 정면 승부수를 던지는 전략은 여론의 관심을 끌며 성공하는 듯 보였으나, 민진당의 마에하라(前原誠一) 대표와의 밀담을 거쳐 제1야당 민진당 세력을 흡수하면서 자신과 이념이나 노선이 다른 세력은 '배제(排除)'한다고 공언한다. 이 '배제'라는 용어를 언급한 것이 패착을 야기하는 큰 요인이 된다.

일본은 '화(和)'를 최고의 덕목으로 여기는 사회다. 조직이나 집단에선 항상 조화와 균형이 최고선으로 자리하고 이를 깨트리는 행위는 금기시되는 에토스가 지배하는 사회다. 옛날 일본은 마을(村) 공동체에 참가하지 않거나 질서를 깨트리는 행위를 일삼는 자를 마을 공동체

---

4 2017년 7월 2일 실시된 동경 도의회 의원 선거(정원 127석)에서 고이케 지사가 이끄는 '도민퍼스트회(都民ファーストの会)'가 49석을 획득하여 제1당으로 약진하고, 고이케 지사를 지지하는 다른 세력까지 포함하면 과반수를 넘는 압승을 거두었다. 한편, 자민당은 제1당은커녕, 과거 최악의 선거 결과(57석에서 23석으로, 34석 감소)로 역사적 참패를 기록했다.

에서 따돌리던 '무라하치부(村八分)'5라는 관습이 있었다. 이는 곧 '배제'의 행위이기도 하다.

당연히 둔감한 일본인이 아니라면 이런 '배제'라는 부정적인 용어에 민감하고 거부감이 강하다. 고이케는 보수와 진보가 뒤섞여 있던 민진당 세력 중에 자신의 이념에 가까운 보수 세력만을 받아들인다는 의미와 함께 진보 세력에 명확히 선을 그음으로써 기존 보수와 우익의 지지를 모으고자 의도적으로 강렬한 어감의 '배제'라는 표현을 언급했을 것이다. 하지만 이 용어가 함의하는 일본 사회의 부정적 이미지와 거부감에 대한 사유가 부족했다. 배제라는 용어보다는 "당에서 신중히 검토하여 수용 여부를 결정하겠다" 정도로 했으면 좋았을 것이다. 일본 사회는 강력한 리더를 원하지 않는 경향이 있다. 고이케는 너무 자신만만했던 것이 오히려 반감을 불러일으킨 면이 적지 않다. 이는 앞에 언급한 두 번의 선거에서 압승을 거둔 후 자만의 수렁에 빠져 있었기에 드러난 패착이라 보인다. '배제'라는 말을 언급한 기자회견 이후 고이케의 지지율이 눈에 띄게 급락한 것이 이를 단적으로 증명하고 있다고 하겠다.

그리고 또 한 가지 패착은 국정선거를 지방선거와 혼동한 어리석음이다. 고이케는 도쿄 도지사를 사직하고 총선거에 집중해도 부족한

---

5 '무라하치부'는 촌락(마을)에서 규칙이나 질서를 어지럽힌 자나 그 집에 대하여 과해지는 제재 행위로서, 일정한 지역에 거주하는 주민이 결속하여 단교(斷交)하는 것을 말한다. 공동체의 집단행위 10가지 중에서 '장례'와 '화재 소화 활동'의 두 개를 제외한 8개 행위는 배제한다는 의미에서 유래했다고 한다. 무라하치부는 에도시대부터 전해지는 집단행동주의 일본 사회에서 대표적인 이지메, 배제 행위라 할 수 있다.

판에 도지사직을 유지하며 두 가지를 다 갖고자 했다. 두 마리 토끼를 좇고자 했으나 결국 한 마리도 잡지 못하는 꼴이 된 것이다. 이런저런 다양한 재능을 가진 사람보다는 한 우물이라도 끈기 있게 파고드는 장인(職人)을 높이 평가해주는 사회의식이나 전통이 강한 곳이 일본이다. '팔방미인'이란 말을 칭찬이 아닌 부정적인 의미로 받아들이는 사회 또한 일본이다.

고이케는 도지사 직무를 수행하면서 잘 되면 수상까지 해보려는 야심을 품었을지 모르겠으나, 욕심은 과하고 생각은 짧았다. 필자는 과감히 도지사를 포기하고 국정 선거에 전력투구했어야 한다고 생각한다. 그래도 될까 말까 한 선거판이었던 것이다. 아마 고이케는 이런 호기가 앞으로도 있을 것이라는 낙관적인 기대와 도지사를 1년 만에 팽개치는 비난에 주눅이 든 것 같다. 그러나 막상 선거전이 시작되자 매일 유세 지원을 다닐 수밖에 없었는데, 결국 도정(都政)을 소홀히 하고 있음은 사직을 했건 안 했건 마찬가지고 돌아오는 비난의 양도 같을 수밖에 없다. 결정적일 때 과감한 결단이 필요했음에도 그럴 강단이 없었다. 결국 고이케는 거기까지의 인물이었던 것이다.

둘째, 무력한 야당의 준비 부족.

아베 수상에 대한 여론은 '지지한다'보다 '지지하지 않는다'가 높게 나타난다. 즉 아베 정권에 대해서는 평가보다는 불만이 더 많다는 얘기다. 그러면 이게 바로 아베 퇴진으로 이어지는가 하면 그렇지 않은 것이 정치의 복잡한 셈법이다. 아베는 싫지만 국정과 경제 안정을 바라는 유권자 심리가 그래도 믿을 수 있는 건 자민당뿐이라는 투표

행동으로 나타나는 것이다. 이런 '소극적 지지'에 아베 정권이 기대면서 연명을 꾀하고 있는 것이다.

이는 변화보다는 안정을 원하는 유권자 심리가 기저에 깔려 있었기에 가능하다. 그리고 자민·공명 보수 여당의 점진적 개혁이 평가 받고 있는 측면도 있다. 가령 아베 자민당을 지지하는 대학생들이 많은데, 이들에게 지지 이유를 물으면 대부분 '아베노믹스(Abenomics)'에 의한 경제 안정으로 취업률이 높아진 성과와 함께 아베 이외의 특별한 '대안'이 없다는 대답이 돌아온다. 또한 야당은 정부의 비난만을 일삼고 발목 잡기만 할뿐이며, 수권 정당으로서의 신뢰와 기대를 충족시키지 못하고 있다는 의견이 많다. 2009년부터 2012년까지 처음으로 정권 교체를 이루고 국정을 담당했던 민주당 정권에 대한 실망과 불신이 여전히 뿌리 깊게 일본 사회의 트라우마를 형성하고 있는 것 같다.

이번 선거를 통해 제1야당인 민진당에서 보수와 진보 세력이 뒤섞여 불편한 공생을 이어오던 구도가 고이케와 마에하라의 '밀실 합의'로 인해 진보와 보수가 분명하게 갈리며 살림이 둘로 나뉘었다. 이는 결과적으로 진보나 개혁 성향의 유권자에게 명확한 지지 정당을 제시하였다는 점에서는 평가할 만하나, 선거전을 앞두고 급조된 정당 연합은 당연히 철저한 준비의 부족과 전략 부재를 초래하게 되었고, 이는 결국 소선거구제인 지역구 참패라는 결과로 나타난다.

이번 선거는 에다노 유키오(枝野幸男) 전 민주당 관방 장관(2011년 3월 11일 대지진 때)을 중심으로 급조된 '입헌 민주당(立憲民主党)'이 반 자민 반 아베를 지향하는 리버럴과 중도표를 흡수하여 애초 예상을 뛰어넘는 약진을 보인 반면, 당초 선풍을 일으키며 반 아베 반 자민당의 선봉으로 기대를 모았던 고이케의 '희망의 당'은 유권자에게 '희망'은 커녕 '실망'을 안겨주며 추락을 거듭한 끝에 제2야당의 자리를 확보하는 것에 만족해야만 했다.

또한 이번 선거는 자민·공명의 집권 여당 대(對) 희망의 당, 일본 유신회 대 입헌민주, 공산당의 삼각 구도 대결 양상을 띠고 펼쳐졌다. 범 야권 연대가 이루어지지 못한 상황에서 당연히 자민당이 어부지리로 많은 의석을 획득할 수 있었고, 실제로 그 덕을 톡톡히 본 선거가 되었다. 이는 소선거구제가 갖는 제도적 모순에 기인하기도 한다. 지난 2012년 총선에서 자민당과 공명당을 지지한 표보다 야당을 지지한 표가 압도적으로 많았음에도 불구하고 의석수는 아베 자민당의 압승으로 마무리된 결과를 보아도 충분히 예상할 수 있었으며 결국 이것이 다시 반복된 결과라 하겠다.

이상과 같은 선거 결과 분석으로 볼 때, 아베가 수상으로 재임하면서 치른 선거에서 연승을 거듭하는 요인은 아베 개인의 국민적 인기와 지지가 밑바탕이 되었음은 물론이지만, 이번 선거와 같은 형국에서도 승리를 거둘 수 있었던 것은 결국 아베는 정치가로서 좋은 '운'을 타고난 덕분이라고도 할 수 있다. 이때 '운'이라는 건 어쩌다 마주친 '행운'을 의미하는 것이 아니라, 아베의 출생과 성장 배경, 정치 입문 그리고 수상에 등극하기까지의 과정을 살펴보면 대단한 '운'을 타고난 사람임을 알게 된다(이에 대해선 뒤에서 자세히 살펴보도록 하겠다). 사실 이번 선거는 아베의 정치 생명을 건 큰 모험이었다. 애당초 아베 정권의 명운을 건 선거로 시작되었지만 결과는 아베에게 오히려 힘을 보태주는 결과로 막을 내렸다.

여기서 한 가지 주목할 것은 북한의 존재와 김정은의 도발이 아베와 자민당에게는 더할 나위 없이 고마운 '지원군'이라는 사실이다. 이번 선거에서도 아베 자민당은 정권에 대한 거센 비판 여론과 함께 불리한 상황에서 선거전을 시작했다. 그러나 선거 기간 중 북한이 미사일을 발사하고 이를 천재일우의 기회로 여긴 자민당은 북한의 위협을 강조하며 안보 문제를 반복적으로 호소, 유권자의 불안 심리를 움켜쥐는 전략으로 일관했다.

선거가 끝난 후 아소 다로 부수상이 북한의 도발이 선거에 좋은 결과로 이어졌다는 발언을 했다가 철회하는 해프닝 속에 자민당과 아베의 속내가 묻어난다. 북한의 '도발'이 아베 자민당에 '도움'이 된 것이다. 아베와 자민당에게 북한은 표면적으로 '적'이지만 실질적으로 아베와 자민당을 키워주는 '자양분' 같은 존재이며, 이른바 일본판 '북풍'의 최대 수혜자 또한 아베와 자민당이다.

이는 비단 선거에 국한된 얘기도 아니다. 아베와 그를 지지하는 보수 우익 세력들에게 북한과 한반도 정세는 '안보 장사'를 미끼로 자신들의 원하는 여론을 유도하는 데 이만큼 효과적이고 영양가 있는 '호재'가 없다. 거듭되는 북한의 핵실험과 미사일 발사 등의 도발은 당연히 '안보'를 강조하는 세력들에 의해 일본 국내 여론의 중심에 위치하게 되었다. 긴장과 불안이 끊이지 않는 한반도 정세야말로 이들에게는 불감청 고소원(不敢請 固所願)인 것이다.

정리해보면 앞서 살펴본 대로 아베와 자민당의 독주에는 여러 요인이 있으나, 결국 거대 집권당인 자민당에 대항하여 정권을 놓고 다툴만한 야권 세력이 형성되어 있지 않은 것이 가장 큰 이유이다. 전체적으로 보면 아베 정권에 대한 지지보다는 그렇지 않다는 부정적 견해가 더 많지만, 이런 여론이 반드시 선거 결과로 이어지지 않는다는 점을 명확히 해 준 선거였다. 이는 비단 일본만의 문제는 아닐 것이다. 특히나 소선거구제를 채택하고 있는 한국에서도 나타날 수 있는 현상이다.

고이케 도쿄 도지사의 탄생
－2016년 도지사 선거

여기서 고이케 도지사가 탄생하게 된 정황을 살펴보는 것도 현재 상황을 이해하는 데 도움이 될 것이다.

2016년 7월 31일 치러진 도쿄 도지사 선거의 승자는 여당 자민·공명당이 함께 옹립하고 거물 정치인과 집권 여당의 조직적인 지원을 받은 마쓰다 히로야(增田寬也) 후보도 아니고, 여권의 분열로 인해 당선 가능성이 높아 보였던 야당의 단일 후보 도리고에 슌타로(鳥越俊太郎) 후보도 아니었다. 새 도지사로 당선된 사람은 거대 정당에 의해 이지메 당하는 '가련한 여성 정치인'을 연출한 무소속 고이케 유리코 후보였다.

당초 여당인 자민·공명당의 공천을 받을 가능성이 거의 없음을 간파한 고이케가 가장 먼저 출마를 선언해 여론을 이끌며 끝까지 페이스를 밀고 나간 것이 좋은 결과로 이어졌다.

이번 선거를 통해 나타난 몇 가지 특징을 살펴보는 것이 흥미롭다.

첫째, 지방 정치에서는 미미한 정당의 영향력.

비단 이번 도지사 선거뿐만 아니라 종전의 지자체장 선거를 보더라도 중앙당의 공천 후보 타이틀이 그다지 메리트가 없는 것 같다. 이

를 뒷받침하고 보완하기 위해서인지 일본의 지자체장 선거에는 대부분의 정당이 당선 유력 후보를 함께 공천하는 소위 '아이노리(相乘り, 합승) 추천'이라는 행태가 일반화되어 있다.

둘째, 여권이 분열 양상을 보였으나 이에 맞서는 야권 역시 무능을 드러낸 선거.

일찌감치 자민당에 항명하며, 출마를 선언한 고이케와 자민·공명당의 공인 후보로 나선 마쓰다로 인해 여권의 표가 갈리는 것은 자명한 일이었다. 그럼에도 야권은 도리고에 후보로 단일화하여 야권과 부동층의 표를 흡수하면 당선 가능성이 높은 선거였음에도 불구, 결국 여권의 두 후보가 얻은 표에 비하면 한심한 득표에 그치고 말았다.

셋째, 전형적인 선거 형태라 할 수 있는 '도부이타(溝板) 선거'의 유효성.

도부이타란 도랑이나 하수구를 덮는 판을 의미하는 말로 집집마다 방문하며 유권자의 지지를 호소하던 과거의 선거 행태에서 유래된 호칭이다(지금은 선거법 개정으로 호별 방문 금지).

당선자 고이케는 매일 구석구석을 돌며 열정적인 가두연설로 고이케 붐을 이끌어 나갔다. 그러나 야당의 도리고에 후보는 일흔여섯의 고령 탓인지 타 후보의 절반에도 미치지 못하는 가두유세에 그쳤다. 결국 표심을 모으는 데 실패한 것이다.

SNS 등을 적극적으로 활용하며 가두유세의 한계를 극복할 순 있으나, 이 점은 세 후보가 도긴개긴 형편으로 별 차이점이 드러나지 않았다.

넷째, 현실적인 정책을 택한 유권자.

투표 요인을 묻는 설문에 가장 많이 응답한 것이 정책이다. 그중에서도 육아 등 일상과 밀접한 정책에 많은 관심이 있었다. 예를 들어 도리고에 후보는 '원전 반대'와 '헌법 개정 반대' 등과 같은 국가 수준의 공약을 내세웠다. 이는 도쿄도 결국 하나의 지자체인 점을 간과해선 안 된다는 교훈을 안겨준 셈이다.

마지막, 감성에 호소한 바람이 지배한 정치 현상.

최고 득표로 도지사에 당선된 고이케의 승리 요인은 현실 정치에 유권자들이 갖는 고민과 관심을 정책에 반영시키며 호소한 점이다. 그와 더불어 자민당에서 공천도 받지 못하고 쫓겨난 미운 오리 새끼인 양, '이지메 코스프레'를 교묘히 활용한 것이 '동정심'을 유발하여 표를 끌어 모았다. 또한 선거 유세 현장 골목골목을 샅샅이 누비며 '친환경 정치'의 녹색 심볼 마크를 적극 내세우니 공감을 불러일으킨 것이다. 17일간의 캠페인을 통해 초기 가두연설에서 보이던 유권자들의 반응과 막바지까지 이어진 흐름을 살피면 이런 전략이 아주 효과적으로 먹혀들었음을 알 수 있다.

두 전직 도지사가 정치자금 의혹으로 불명예 퇴진을 한 뒤의 선거인만큼 '깨끗한 도정'과 '도정 혁신'이 큰 이슈이긴 했다. 그러나 세 유력 후보의 공약이 대동소이하다는 점에서 표심에 직접적인 영향을 준 것 같진 않다.

그보다는 거대 여당의 집단 이지메에도 굴하지 않고 당당히 맞선 용기 있는 '여장부'로서의 이미지와 정열적인 유세 활동이 맞물리면서 부동층의 표심을 고이케에게로 움직이게 했다. 고이케를 둘러싼 극우 세력과의 관계나 헌법 개정 옹호, 사회적 약자에 대한 차별 발언 등의 이슈는 지자체장 선거라는 프레임 속에서는 그다지 마이너스 요인으로 작용하지 않은 것이다.

여권 분열이라는 최상의 조건에서 결국 고이케 후보의 절반에도 미치지 못하는 득표에 그치고 만 야권 단일 후보 도리고에의 미흡한 선거 전략, 야권의 공조를 이루어내지 못한 리더십 부재, 그리고 유명 저널리스트 출신이라는 치명적인 엘리트 의식이 오히려 유권자의 등을 돌리게 한 것이 아닌가 한다.

투표율이 50%에도 못 미치는 최근의 현실에서 아무리 고상하고 이상적인 공약을 호소해도 표심을 움직이는 것은 눈앞의 문제에 대한 해결 방안과 비전 제시다. 그리고 땡볕에도 구석구석을 발로 뛰며 '열정'과 '성실'을 어필해야 표심이 움직인다는 극히 전형적인 기존 선거의 재현이었다고 볼 수 있다.

아울러 선거 막바지에 이시하라 신타로 전 도쿄 도지사가 마쓰다 후보 지원 유세에서 고이케 후보를 '화장떡 중년'이라 비방한 게 여성성의 차별이라는 비판에 실려 역풍을 맞았다. 또한 선거 바로 전날 제1야당인 민진당 당수가 사퇴 선언을 하는 등 후보자와 정당 간의 엇박자와 지리멸렬이 악수(惡手)를 자초한 면도 있었다.

어쨌든 선거는 끝났다. 그러니 새 도지사로 당선된 고이케의 정치 행보가 주목될 수밖에 없다. 아베 정권에서 홀대를 받아온 '비련의 여주인공'을 연출하였으나 이젠 아베 정권에 당당히 맞설 수 있는 자리를 꿰찬 셈이다. 과연 그녀가 아베 정권과 각을 세우며 다른 노선을 걸어갈지 아니면 우익 세력의 온상인 '일본회의'와의 은밀한 관계를 통해 헌법 개정 등을 비롯한 행보에 동행을 하게 될지 귀추가 주목된다.

마지막으로 이번 선거에 입후보한 21명 중 득표율에서 5위를 기록한 극우 세력의 선봉 사쿠라이 마고토(桜井誠)가 114,171표를 얻었다는 사실은 시사하는 바가 크다.

제2장

나약한
일본 수상

미국 대통령과 일본 수상 중
누구의 권한이 강할까

일반적으로 일본의 총리대신, 즉 수상의 권한이나 위상은 미국의 대통령에 비해 미약하게 비치고 인식되는 경향이 있다. 이는 국제사회에서 차지하는 미국과 일본의 위상을 비롯해 대통령제의 대통령과 의원내각제 수상의 리더십과 정치적 영향력 등이 나타내는 이미지로 볼 때 대략 맞는 얘기다.

실제로 2012년 제2차 아베 내각 이전까지 수상이 임기 1년 만에 교체되는 일이 줄줄이 이어졌다. 제1차 아베 정권이 1년 만에 붕괴되자, 그 뒤를 이어 후쿠다 야스오(2007년 9월 26일~2008년 9월 24일), 아소 다로(2008년 9월 24일~2009년 9월 16일)로 이어지는 자민당 정권이 그랬고, 2009년 자민당 일당 지배 체제에 제동을 걸고 정권 교체를 이루어낸 민주당 정권이 들어선 후에도 하토야마 유키오(鳩山由紀夫, 2009년 9월 16일~2010년 6월 8일), 간 나오토(菅直人, 2010년 6월 8일~2011년 9월 2일), 노다 요시히코(野田佳彦, 2011년 9월 2일~2012년 12월 26일)로 이어지는 수상의 재임 기간은 평균 1년 남짓으로 모두 단명 정권이었다.

이러한 일본 수상의 빈번한 교체는 국제사회에서도 비웃음의 대상이 될 정도였으며, 거의 1년을 주기로 자동 회전문처럼 수상이 교체되는 정국을 보면서 일본 수상의 정치력과 위상에 대한 평가가 하락했을 것이라고 쉽게 짐작 할 수 있다. 그러나 이는 어디까지나 수상 자신의 정치력과 리더십의 부재, 그리고 국정을 잘 풀어나가지 못한 결과로 등장한 단명 정권이었다고 보는 것이 합리적이다.

왜냐하면 제도적인 측면에서 봤을 때 일본 수상이 갖고 있는 권한은 결코 미약하지 않기 때문이다. 따라서 수상에게 주어진 권한을 어찌 활용하고 정권을 운용하느냐에 따라 수상의 재임 기간이 좌우된다고 보는 것이 합당하다. 가령 강력한 이미지를 갖는 미국 대통령과 일본 수상이 갖고 있는 권능을 단순 비교해 보면, 일본 수상이 나약하다는 판단이 얼마나 성급하며 중요한 점을 간과하고 있는지 알 수 있다.

우선 미국의 대통령은 국회와 더불어 국민에 의해 선출되는(엄밀한 의미에서 대통령은 간접선거지만) 이원 대표제의 한 축인 것에 비해, 일본의 수상은 국회 다수당의 총재 또는 대표가 총리가 되어 내각을 구성하는 일원 대표제이다. 대통령은 국민이 선출한 대표로서 국민에게 책임을 지는데, 수상은 국회에서 선출되며 국회에 책임을 지는 입장이다. 즉 국정의 최고 책임자인 수상의 선출 과정과 책임의 대상에서 국민은 제외된다. 극단적으로 이는 국민의 여론이 어떻든 국회와의 관계가 순탄하다면 수상의 재임 기간이 단축될 이유가 없음을 의미한다.

결론부터 말한다면 필자는 미국 대통

미국의 도널드 트럼프(Donald Trump) 대통령과 아베 수상. 두 사람은 미국과 일본의 정상이며 행정부의 장이라는 입장은 같지만, 이 둘이 행사할 수 있는 권능에는 차이가 있다.

령보다 일본 수상이 정치력 여하에 따라 강력한 리더로서 직책을 수행할 수 있는 권한과 유효한 수단을 골고루 갖추고 있다고 본다. 민주주의의 기본 원리인 삼권분립에 기초한 양국의 정치체제는 대통령제와 의원내각제라는 결정적인 차이가 있지만, 대통령도 수상도 삼권의 하나인 행정부의 장(長)이다. 즉 행정부의 장으로서 또 다른 삼권의 한 축인 '입법부(의회)'와의 관계는 대통령이든 수상이든 자신의 직무를 수행하는 데 매우 중요한 변수가 된다.

이제부터 상세히 살펴보겠지만, 이런 점에서 일본 수상이 갖고 있는 '중의원 해산권'과 당 총재로서의 정당 장악이 가능한 '공천권', '인사권', '정치자금 활용' 권한 외에도 '내각(정부) 법률 제출권', '예산 편성권' 등 다양한 권한은 미국의 대통령에겐 없거나 있더라도 권한 행사가 제한적인 것들이다. 다만 한 가지 주의할 것은 이러한 제도적 보장이 모든 수상의 권력 행사와 임기를 보장하지는 않는다는 점이다. 즉 수상의 정치력과 리더십 그리고 자민당 내의 권력 구조와 환경에 따라 '강력한' 권한이 될 수도, 반대로 자신의 입지와 위상을 축소시키는 '양날의 검'이 될 수도 있음을 유의할 필요가 있다.

미국 대통령과 일본 수상의 권한

일본 수상이 미국 대통령의 권한에 비해 강력한 리더십을 발휘할 수 있는 권능에 대해 알아보면, ①법률 제출 권한과 의회와의 우호적인 관계, ②정당 장악(인사권, 정치자금, 공천권 등), ③예산 편성권, ④국회 해산권(중의원) 등을 대표적으로 들 수 있다.

법안 제출 권한과 의회와의 우호적 관계

미국은 철저한 삼권분립을 꾀하는 시스템 하에 대통령이 입법부에 법안을 제출하는 권한이 제한된다. 어디까지나 입법은 입법부의 고유 권한이며 역할이라는 의미다. 이에 대해 대통령은 입법부를 견제하는 거부권(Veto)을 갖는다. 따라서 주요 정책 시행과 예산 편성을 위해 매년 대통령에 의한 교서(State of the Union Address)가 발표된다. 이처럼 입법권은 의회의 고유 권한이므로 입법을 위한 로비스트의 활동이 의회를 대상으로 활발하게 전개되는 이유이기도 하다.

그에 비해 일본은 중의원과 참의원으로 이루어진 국회가 미국처럼 양원제임에도 불구하고, 최종적으로 성립되는 법안을 보면 의원입법과 내각(정부) 제출 법안의 비율이 2:8 정도이다. 여기서 내각 제출 법안이란 내각의 각의(閣議, 한국의 국무회의)를 통과하여 국회에 제출되는 법안을 뜻한다. 즉 행정부의 관료들에 의해 만들어지는 법안이다. 이 과정에서 관료의 전문 지식과 예지가 총동원되며, 이런 입법 과정을 통해 관료 조직이 힘을 키워가게 된다.

최근 일본에서 비대해진 관료 조직을 해체하고 관료 주도에서 정치 주도의 시스템으로 개혁하고자 실시한 것이 2001년의 중앙 성청(부처) 개혁이고, 정치 개혁이라 불리는 각종 개혁이다. 이 내용에 대해서는 뒤에서 살펴보도록 하겠지만, 아무튼 수상은 행정부의 장으로서 법률 제출 권한을 활용한 정책 결정 과정에 큰 영향력을 발휘할 수 있다.

또한 의회와의 관계를 보게 되면 국회는 따지고 보면 '한솥밥' 식구인 셈이다. 국회 예산 위원회 등의 심의 과정을 통해 여야 의원의 대정부 질문이라는 명목하에 추궁이 이어지고, 이에 대해 수상을 비롯한 관련 부처 각료가 답변하는 릴레이가 이어진다. 이런 과정은 NHK를 통해 전국에 생중계된다. 그러나 국회의원의 예상 질문이 사전에 정부 담당 부서에 전달되고, 관료들이 밤새워 모범 답안을 작성하면 이를 토대로 질의응답이 이루어진다고 해서 붙여진 이름이 '학예회' 국회다.

물론 각본대로 읽고 대답하는 '짜고 치는 연극'이라는 비판에도 불구하고, 예상치 못한 돌발 질문이나 생뚱맞은 발언으로 수상과 각료가 구설수에 오르기도 한다. 특히 앞서 언급한 관료 주도에서 정치 주도로 바꾸는 정치 개혁의 일환으로 중앙 부처 관료가 국회의원의 대정부 질문에 답변하는 '정부위원 제도'가 폐지되었다(국회 심의 활성화법, 2001년). 과거처럼 야당의 추궁에 담당 부처의 고위 관료가 답변하고, 대신(大臣)은 팔짱 끼고 강 건너 불구경하는 듯한 모습이 사라졌다. 수상을 비롯하여 담당 각료들은 제대로 공부하지 않으면 국회에서 비난과 조롱거리로 전락할 수 있다.

수상을 배출한 집권 정당과 정부는 한배를 타고 있는 '동지적 관계'에 있다. 물론 삼권분립의 원리 하에 입법부와 행정부는 엄연히 분리·독립되어 있다. 정부에서 추진하고자 하는 정책에 대해 여당으로서 이의를 제기하거나 당내 심의 과정을 통하여 애를 먹일 수는 있지만, 야당처럼 노골적으로 반대하거나 치열한 공방을 벌이는 경우는 거의 없다. 표면적으로는 삼권분립에 의한 상호 견제와 균형의 원리가 작동하고 있지만, 의원내각제 하의 삼권분립은 엄밀한 의미에서 회의적이다.

2016년 5월 중의원 예산 위원회 답변 중에 아베 수상이 자신을 가리켜 '입법부의 장'이라고 하여 물의를 일으킨 적이 있다. 행정부의 장이면서 입법부의 장까지 겸한다니 절대왕정 시대의 군주를 연상케 하는 황당무계한 발언이었다. 이는 단순한 실언이라기보다는 평소 입법부에 대해 가진 생각의 단면을 무심코 발언한 것인지도 모르겠다. 참고로 이 발언은 후일 예산 위원회 의사록에는 '행정부의 장'으로 수정되어 있음이 밝혀졌다.

수상의 정당 장악

어느 정당이나 최종적으로는 자기 정당에서 대통령을 내거나, 제1당이 되어 수상을 내는 것이 목표다. 이는 대통령제나 의원내각제나 마찬가지다. 현재 일본의 집권여당은 자민당과 공명당의 연립 정권이다. 공명당은 차치하고, 자민당은 1955년 보수 연합으로 탄생한 이래 과거 1993년 잠깐 호소카와 연립 정권에 자리를 내준 후, 2009년의 민주당에 대패해 약 3년간 정권을 떠나 야당으로 전락한 경험이 있다. 그러나 그 이후 다시 정권을 잡은 후, 오히려 이전보다 더 공고한 반석을 다지고 있는 세계 정치사에도 보기 드문 최장수 집권 여당의 자리를 유지하고 있다.

자민당은 두 번에 걸친 정권 이탈의 과정을 통해 집권 여당과 야당의 차이와 설움을 절감한 것이 여당으로서의 자각과 결속력을 한층 더 다지는 계기가 된 것 같다. 또한 과거의 보스 정치로 대변되던 파벌 정치의 계보도 고이즈미가 집권한 5년간 많이 와해되어 과거와 같은 영향력을 잃었다. 이는 자연히 국민적 인기에 힘입어 총재로 선출된 아베를 중심으로 당력을 모으고 규합하는 수순을 밟게 되었고 현재에 이르고 있다.

아베는 작년 과거 총재의 임기가 3년씩 2기 6년까지였던 당규를 연속 3기 9년까지 가능하도록 개정하였다. 이는 아베의 정치적 야심을 드러내는 회심의 개정으로 보인다. 종전대로라면 2018년 9월에 종료되는 자민당 총재직의 임기가 당규 개정으로 3년 더 연장할 수 있게 되었다. 물론 올해 실시되는 자민당 총재 선거에서 다시 아베가 선출된다고 가정한다면, 2020년의 도쿄 올림픽을 수상으로서 치르게 되는데, 올림픽을 전후한 시점에서 개헌을 위한 본격적인 움직임을 취할 것이라 예상된다.

국회의원은 당선과 동시에
다음 선거를 준비해야 한다

일본의 중의원은 선거에 당선되는 순간부터 다음 선거를 준비한다고 한다. 얼핏 우스갯소리로 들릴 수도 있지만 사실은 틀린 얘기도 아니다. 왜냐하면 중의원의 임기는 4년이고 참의원의 임기는 6년이지만, 임기 중 해산이 없는 참의원과 달리 중의원은 임기 4년을 다 채우고 선거전에 돌입하는 경우가 없기 때문이다. 실제로 전후 1947년 4월, 첫 선거 이후 작년까지 총 25번의 중의원 선거가 치러졌지만, 그중에 임기 4년을 다 채우고 치러진 선거는 1976년 12월 단 한 번뿐이다. 그 외의 선거는 짧게는 총선거 몇 개월 후에, 길게는 임기 만료 직전에 해산 총선거가 실시되었다.

　　과거 자민당이 '파벌 연합 정당'으로 불리며 파벌 정치가 득세했던 시절에는 국회의원의 공천은 파벌을 중심으로 이루어지고, 선거 자금 지원이나 선거 유세 또한 파벌에 의해 이루어졌었다. 그러나 이제 파벌은 존재하되 그 영향력은 과거에 비할 바가 못 되며, 의원들 간의 '친목회'나 '정책 연구회'와 같은 역할에 머무르고 있는 것이 현실이다. 그럼 왜 그토록 위력을 발휘하던 자민당 내의 파벌정치가 쇠퇴했는지 그 이유를 짚어보도록 하자.

　　우선 가장 큰 원인은 '선거제도의 개편'에 따른 영향력의 저하를 들 수 있다. 일본의 하원에 해당하는 중의원 선거는 오랜 기간 중선거구 제도였다. 중선거구 제도는 한 선거구에서 3~5명을 선출하는 제도이다. 따라서 이런 선거 제도에서는 같은 정당 소속의 후보자가 같은 선거구에 입후보하는 경우가 허다하며, 말하자면 동일 선거구에서 같은 정당 후보자들끼리 경쟁하는 구도가 된다.

예를 들어 정원이 5명인 선거구에 자민당에서 3명, 사회당에서 2명, 공산당에서 1명, 무소속에서 2명이 입후보하면 그중에 득표수로 1등부터 5등까지 당선되는 제도이다. 그러면 당연히 정당의 역할보다는 각 후보자의 개인적 역량이 당락을 가르는 큰 요인이 된다.

국회의원이 되기 위해 필요한 세 가지

그럼 후보자의 개인 역량을 가늠하는 열쇠는 무엇인가? 이전부터 일본에서는 정치가가 되려면 세 가지의 '반 또는 방(バン)'이 필요하다고 회자되어 왔다. 물론 정도의 차이는 있을지언정 이는 지금도 변함이 없다. 그 반(방)이라는 것이 다름 아닌 일본어 표기로 '지반(地盤)', '간반(看板)', '가방(鞄)'이다. 그럼 하나씩 검토해보도록 하자.

우선 '지반(地盤)'. 이는 '연고'라고 바꿔 말할 수 있다. 한국도 마찬가지지만 아무런 연고도 없는 곳에 불쑥 나타나 입후보한다고 해도 지지 기반이 없다면 국회 입성 가능성은 애당초 희박하다. 여기서 위력을 발휘하는 게 '후원회'다. 일본의 정치가를 보시라. 거의 모든 정치가들이 금요일 오후에 지역구에 돌아가 관혼상제부터 각종 이벤트나 모임에 얼굴 도장을 찍고, 화요일 아침에는 다시 도쿄로 돌아오는 일을 반복한다. 이래서 생긴 말이 '금귀화래(金帰火来)'[1]다.

지역구에 자신의 후원회를 조직하고 열심히 지역 활동을 하며 기반을 다진다. 일본의 국회의원 중에 세습 의원이 유난히 많은 이유 또

---

1 국회의원에 당선되면 자신의 지역구 교통 패스를 선택하는 특권이 주어진다. 첫째는 신간선 JR 패스, 둘째는 JR 패스와 1개월간 비행기 3회 왕복권, 셋째는 1개월간 도쿄와 선거구 4회 왕복 항공권이며, 이 중 하나를 선택할 수 있다.

한 여기서 찾을 수 있다. 즉 선대(先代)가 평생을 갈고닦아 온 지역구와 후원회 조직과 자금을 자식이 그대로 물려받아 선거전에 임하게 되므로, 신인 정치가라 하더라도 압도적으로 유리한 조건과 환경에서 선거를 치를 수 있으며 당선 확률 또한 높기 때문이다. 이처럼 선대의 지역구와 함께 후원회 조직도 패키지로 대물림되고 있는 웃지 못할 현실이 세습 의원의 증가에 일조하고 있다.

두 번째는 '간반(看板)'. 이는 후보자의 '간판(지명도)'을 말한다. 후보자 자신이 지역구의 단체장, 지방의원 등을 역임한 경력이 있으면 선거에 유리하듯이 얼굴과 이름이 얼마나 알려져 있는가이다. 한국과 달리 참의원이 있는 일본에서는 참의원 선거구가 도도부현(都道府県, 일본의 행정구역) 단위로 매우 넓다. 그렇다 보니, 특히 참의원 선거에서는 전국적인 지명도가 있는 스포츠 선수나 탤런트, 가수 등 연예인이 각 정당에 스카우트되어 입후보하는 경우가 종종 있는데 이런 현상은 간반의 중요성을 단적으로 말해주는 것이다.

세 번째의 '가방(鞄)'. 이것이 파벌 정치의 쇠퇴와 가장 깊은 관련이 있다. 가방은 말하자면 '자금'을 뜻한다. 자금이 넉넉한 가방이 필요하다는 의미이다. 여기서는 딱히 부연 설명이 필요 없겠으나, 파벌 정치의 쇠퇴와의 관계에서 보면 흥미로운 사실을 알 수 있다. 과거 중선거구제 시절에는 같은 당에서 복수 후보자가 동일한 지역구에 입후보하게 되면, 앞서 언급한 세 가지 요소 중에서도 세 번째 가방의 역할이 절대적이었다. 즉 자금이 없으면 선거를 치를 수도 없지만, 당락에 직접적으로 영향을 미쳤다는 얘기다. 파벌 정치, 금권 선거가 만연할 수밖에 없는 토양이었다.

중일 국교 정상화를 위해 베이징을 방문,
중국 저우언라이(周恩來) 주석과 만찬을
나누는 다나카 가쿠에이 수상.

그러면 각 후보자가 어떻게 선거 자금을 마련하는가가 문제된다. 물론 타고난 금수저 출신은 돈 걱정 안 하고 선거를 치를 수 있겠으나, 모두가 그런 혜택 받은 환경에 있지 않기 때문이다. 따라서 각 파벌의 보스는 얼마나 많은 정치자금을 확보해서 자기 파벌의 멤버들을 챙겨주느냐에 따라 그 영향력이 가늠된다. 정치자금으로 엮이는 '오야붕(親分)-코붕(子分)'의 관계가 형성되고 유지된다. 보스는 선거 자금과 유세 지원 등을 통하여 도움을 주고, 후보자는 당선 후 파벌의 멤버로서 보스의 총재 당선을 위해 적극적으로 협조하는 상부상조의 공생 관계가 형성된다.

그 대표적인 정치가가 다나카 가쿠에이(田中角栄) 전 수상[2]이다. 그에 대한 공과는 엇갈리지만 파벌 정치를 가장 잘 활용하여 집대성한

---

2 최근 다나카 가쿠에이 전 수상에 관한 다양한 서적이 출판되고 텔레비전에서도 특집 프로그램을 편성하는 등 자그마한 붐이 일고 있다. 다나카는 고학력 사회인 일본 정계에서 구 소학교 출신으로 수상까지 오른 입지전적인 인물이다. 수상 재직 시에는 중일 국교 정상화를 이루었고 김대중 납치 사건을 겪어야 했다. 후에는 록히드 사건으로 검찰에 체포되는 수모를 당하기도 했다.

인물이라는 평가에서는 일치한다. 다나카의 파벌 정치를 가능케 했던 것이 다름 아닌 자금, 즉 돈줄을 쥐고 이를 이용하여 소속 의원들을 모으고 관리했다는 점이다. 그가 남긴 유명한 어록 중에 "정치는 숫자다. 숫자는 힘이다. 힘은 돈이다" 라는 말이 있다.

"정치는 고매한 인격과 이상만으로 가능한 것이 아니고 힘이 있어야 자신의 소신을 펼쳐나갈 수 있다. 그 힘의 원천은 선거도 그렇고 국회도 그렇고 모두 숫자가 중요하다. 즉 머릿수가 많아야 힘이 된다. 그 숫자를 늘리고 유지하기 위해서는 충분한 실탄이 필요하다. 즉 많은 돈이 필요하다." 이 얼마나 알기 쉬운 말인가. 정치를 이토록 알기 쉽게 설명한 사람은 다나카 외에는 아직 알지 못한다.

이처럼 국회의원의 당락이 후원 조직의 충실도, 후보자의 지명도 유무, 선거 자금의 다과와 자금 조달력의 유무에 의존하는 현실을 비꼬아 이런 말이 탄생하였다. 일본의 선거에서는 이처럼 돈이 많이 드는 구조적 문제 때문에 정치와 기업의 유착이 심해지고 결국 대형 부정 게이트가 연이어 터지게 된다.

대표적인 것이 1988년의 리쿠르트 사건[3]과 1992년의 사가와 큐

---

3 리쿠르트사(社)가 정치가와 관료에게 제공한 뇌물과 헌금과 관련된 일련의 사건을 말한다. 리쿠르트 관련 회사로 맨션 개발 업자인 리쿠르트 커먼스의 미공개 주식을 양도한 후, 상장시켜 매각 이익을 얻게 한 사건이다. 리쿠르트 사건에서 미공개 주식을 양도받은 사람이 약 150명, 주식은 대략 200만 주에 달한다. 주식을 양도받은 인물 중에는 나카소네 야스히로와 다케시타 노보루 등 전 수상을 포함하여 소위 거물 정치가로 불리는 인물들이 대거 포함되었다. 이로 인해 당시 다케시타 노보루 내각이 모두 사퇴한다.

빈(佐川急便) 사건⁴이다. 이 두 사건으로 인해 당시 다케시타 노보루(竹下登) 수상과 자민당 최고의 실력자이며 영향력을 과시하던 가네마루 신(金丸信)이라는 거물 정치가가 퇴진한다. 이런 자민당의 곪을 대로 곪은 정경 유착과 파벌 정치에 식상한 일본 국민이 처음으로 반 자민당에 표를 몰아주어 호소카와 연립내각이 성립하게 되는 것이 1993년이다. 실로 1955년 자민당이 생긴 이래 38년 만에 처음으로 정권을 내주는 결과가 되었던 것이다.

---

4 당시 자민당 부총재인 가네마루 신이 사가와 큐빈 측으로부터 5억 엔의 불법 헌금을 수령한 것이 발각되어 1992년 10월에 중의원 의원을 사직한 부패 사건이다.

제3장

파벌 정치와
수상의 관계

자민당 파벌 정치의 형해화(形骸化)

국민들의 새로운 정치에의 기대와 열망을 바탕으로 반 자민당 연립 정권으로 출범한 호소카와 정권이 추진한 것이 정치 개혁인데, 그중 하나가 기존의 중선거구제를 소선거구제로 바꾸는 선거 제도 개혁이다.

소선거구제는 한국처럼 한 선거구에서 최고 득표자 한 명만이 선출되는 방식이라 각 후보자는 치열한 경쟁을 하게 된다. 이전 중선거구제에서는 1등이 아니라도 당선 가능했기에 파벌의 지원을 받으며 선거전을 치르면 됐지만, 소선거구제로 바뀌고 나니 이젠 파벌이 아닌 한 정당의 후보로서 선거전을 치러야 한다. 그러기 위해서는 우선 소속 정당의 공천을 받아야 한다. 이 과정엔 당연히 자민당 넘버 원인 총재와 넘버 투인 간사장의 권한이 유감없이 발휘된다. 평소 말 안 듣고 경거망동하던 자들의 일괄 정리가 가능한 것이다. 이러한 선거 제도의 개혁이 파벌 정치의 쇠퇴를 몰고 오는 가장 큰 요인이 된다.

두 번째로 정치자금에 대한 규제와 관련 법 개정을 들 수 있다. 앞에 언급한 바와 같이 금권 정치로 점철된 정치의 낙후성을 시정하고자 선거 제도의 개혁이 이루어지고, 더불어 정치자금에 관한 개정도 이루어진다. 이른바 '정치자금 규정법(政治資金規正法)'과 '정당 조성법'이다. 기업, 노동조합, 단체 등에서 정당과 정치단체에 헌금하는 정치자금의 액수를 대폭 제한하며 투명성을 높이는 것이 정치자금 규정법이며, 이로 인해 정치자금 모금에 어려움을 겪을 정당의 사정을 고려하여 국가가 정치자금을 마련해 주는 것이 '정당 조성법'이다. 즉 정당의 정치자금을 국가가 세금으로 조성해 주는 것이다.

정당 조성법에 따른 '정당 교부금'('정당 조성금'이라고도 한다)은 남녀노소 상관없이 일본 국민 한 사람당 250엔으로 계산한 금액을 각 정당의 의원수와 득표수 등을 계산하여 분배하는 방식인데, 2016년 각 정당이 수령한 금액을 보면 자민당이 약 172억 엔, 민진당 97억 엔, 공명당 29억 엔 등이다. 정당은 수령 금액의 사용처에 관한 수지 보고서를 제출 및 공표할 의무를 진다. 여기서 이 정당 교부금을 과거의 파벌 정치에서 위력을 발휘했던 자금줄처럼 자민당 총재인 수상이 유용하게 활용할 수 있다는 점을 주목해야 한다.

그러나 일본 공산당은 이 정당 교부금을 거부하고 있다. 공산당이 돈이 많기 때문일까? 물론 일본 공산당에 자금줄이 풍부하다고는 하지만 그 이유는 다음과 같다. 무릇 정당이란 그 정당의 지지자들로부터 지원받은 자금으로 운영되어야 한다. 그런데 국가로부터 보조금을 받는다는 것은 '국영(国営) 정당'이 되는 것을 의미하며, 이는 사상, 양심의 자유에 반할 뿐만 아니라 헌법 위반이다. 따라서 일본 공산당은 정당 보조금을 받을 수 없다는 것이다.

그런데 아이러니하게도 일본 공산당이 수령을 거부한 금액을 다른 정당들이 나눠 받게 되어 있어, 공산당 내에서도 논란거리가 되고 있다는 후문이다. 이런 걸 명분만 따지다 실속을 못 차리는 예라 하겠다. 또한 왜 국민 한 사람당 250엔이며, 그 기준은 무엇인가에 대한 의문이 드는데 이는 1994년 당시 커피 한 잔 값이 250엔이었기에 이에 준하여 정하였다고 한다. 그렇다면 이젠 지금 커피값에 맞추어 정당 교부금도 올려야 하는 것 아닌가? 아마 정당의 입장에서는 스타벅스 커피 한 잔 값 정도로 인상하기를 바라고 있을 것 같다.

덧붙여 한 가지 재미있는 사실은 한국에도 존재하는 '떡값'이 일본에도 같은 이름으로 불리며 존재하고 있다는 사실이다. 자민당에서는 파벌의 우두머리가 회원들에게 여름에는 '고오리다이(氷代, 얼음 값)', 겨울에는 '모치다이(モチ代, 떡값)'을 정기적으로 건네주는 것으로 알려졌다.[1] 필자는 '떡값'이라는 것은 사정 기관이나 법조계, 언론계 등에 사회 특권층의 유력자나 기업이 관계 관리 차원에서, 필요에 의해 챙겨주는 '검은 돈'으로만 인식하고 있었다. 그런데 일본에서는 집권 당인 자민당에서 '떡값'이라는 명목으로 의원들에게 정치자금이 지급된다는 사실을 알고 적잖이 놀랐던 기억이 있다.

그런데 더욱 놀라운 사실은, 한국에서는 검은 돈 내지 비자금 같은 떳떳하지 못한 돈의 대명사가 '떡값'이지만, 일본은 정치자금으로 공공연하게 지급되는 돈이 '떡값'이라는 사실이다. 같은 떡값이더라도 몰래 숨어서 전하고 받아야 하는 떡값과 은행 계좌로 떳떳이 송금된

---

1 '고오리다이(얼음값)'과 '모치다이(떡값)'이란, 자민당의 각 파벌에서 소속 의원들에게 12월과 6월에 배분하는 수당을 뜻한다. 당선 횟수가 적고 정치 자금력이 약한 젊은 의원이나 중견 의원을 중심으로 1인당 100~400만 엔 정도를 지급하며, 파벌의 결속력을 높이는 수단이 되어왔다. 파벌뿐만 아니라 자민당 본부도 소속 의원들에게 300~500만 엔을 고오리다이와 모치다이로 지급해왔다. 과거에는 간사장이 당 본부에 의원들을 불러 직접 현금으로 챙겨주었는데, 2004년 여름부터 각 의원이 관리하는 당 지부의 은행 계좌로 송금하고 있다고 알려진다.

떡값. 과연 어떤 돈으로 사먹는 떡이 더 맛있을까 궁금해진다.

세 번째로 고이즈미 전 총리의 영향이다. 고이즈미 전 총리는 2001년 4월부터 2006년 9월까지 약 5년 5개월에 걸쳐 장기간 총리로 재임했다. 고이즈미는 이른바 자민당의 비주류 출신으로 정권을 잡기 전까지 많은 설움을 겪었다. 그래서인지 총리가 되면 구태의연한 자민당을 부숴버리겠다는 결기와 원한을 주야장천 토로했었다. 실제로 총리가 되어서는 종전의 파벌에 의해 배분되던 인사 관례를 따르지 않고, 고이즈미식의 파격적인 인사로 주목받기도 했다. 즉 파벌 정치에 대해 반감을 갖고, 애써 외면하여 자민당 내 파벌의 영향력을 지우는 데 큰 역할을 했던 것이다.

또한 고이즈미는 '원후레이즈 정치(One Phrase Politics)'라는 간단명료한 슬로건으로 국민들의 지지를 모으며, 정당이 아닌 국민 여론에 직접 호소하여 정책을 이끌어 가는 '극장 정치'의 진수를 보여주었다. 그런데 이런 방식이 생각보다 파괴력이 있다. 왜냐하면 국민은 복잡하고 어려운 걸 싫어하고 경원하는 경향이 있기 때문이다. 간단하면서도 알기 쉽고 임팩트가 강한 '원후레이즈'를 적절히 사용해 국민적 관심과 인기를 모으며 여론을 주도해 가는 것이 고이즈미의 극장 정치였다.

고이즈미가 내세운 대표적 슬로건으로는 "자민당을 깨부순다(自民党をぶっ壊す)", "개혁 없이 성장 없다(改革なくして成長なし)", "성역 없는 구조 개혁(聖域なき構造改革)", "고통 없이 개혁 없다(痛みな

정치적 사제 간과도 같은 고이즈미 전 수상과 아베 수상. 아베는 고이즈미 정권의 총아로 성장했으나, 현재는 원전 문제 등의 국내 정치 문제로 대치하는 사이가 되었다.
ⓒ아사히신문

くして改革なし)" 등이 있다. 그러나 성역을 만들지도 않고 기득권의 성역을 타파하는 과감한 정치가라는 이미지와는 달리, 정계 은퇴 시기에 이르러선 이야기가 달라진다. 지역구를 차남에게 물려줌으로써, 고이즈미 가문은 4대에 걸친 세습 체제의 철옹성을 구가하고 있다. 국민에게는 고통 없는 개혁 없다며 신자유주의의 대폭적인 수용으로 고충을 감내하기를 강요했던 그였지만, 결국 자신의 지역구와 후원회라는 알토란 같은 성역은 아들에게 고스란히 물려주는 보통 사람에 불과했음을 보여주었다. 일본도 피가 물보다 진한 사회임을 말이다.

이와 같은 세 가지 배경 때문에 자민당 내의 파벌 정치는 급속히 영향력을 잃어갔다. 물론 지금도 파벌은 존재한다. 그러나 파벌이 갖는 구심력이나 위상은 과거에 비해 현저히 쇠퇴했다. 파벌 정치가 위력을 잃고 파벌 영수(領袖)인 유력 정치가들에 의해 중요 사안이 결정되던 과거 자민당의 의사 결정 시스템이 작동되지 못하게 된 것이 아베에게는 하늘이 내린 기회인 셈이다.

정리하면 자민당의 파벌 정치가 쇠퇴하게 된 가장 큰 요인은 1994년의 정치 개혁으로 도입된 소선거구제의 성격상 파벌이 아닌 당 중심의 선거와 정치자금이 운용되게 된 것이고, 더불어 자민당 내 비주류에서 수상이 되어 국민적 인기를 등에 업고 약 5년간 장기 집권한 고이즈미가 실시한 자민당 내 인사권을 비롯한 관행 타파 등 개혁의 영향 때문이라고 할 수 있다.

파벌 정치 쇠퇴의 최대 수혜자는 아베

아베는 1991년 부친 아베 신타로(安倍晋太郎)의 사망으로 지역구를 물려받아 1993년 중의원에 첫 당선되었다. 앞서 살펴본 3반의 하나인 '지반', 즉 부친의 지역구와 후원회를 고스란히 물려받아 선거전에 임해 당선된 것이다. 그 후 관방 부장관으로 임명되지만 자민당 내에서는 애송이에 불과했다.

그런 아베를 고이즈미가 2003년에 자민당의 탑 쓰리 중에서도 넘버 원에 해당하는 간사장에 전격 발탁하게 되고, 2005년 개각 때는 관방 장관으로 임명하여 처음으로 입각(入閣)한다. 이토록 정당 활동과 국정 경험이 일천했던 아베가 2006년 9월 고이즈미의 임기만료에 따른 자민당 총재 선거에서, 압도적 차이로 총재로 선출되는 동시에 수상이 되는 말 그대로 징검다리 출세를 한다.

전후(戰後) 최연소(52세) 수상임은 물론 첫 전후 세대 수상이 나온 것이다. 역사에 가정은 의미가 없다지만 만일 자민당 내에서 파벌 정치가 여전히 작동하고 있었다면, 아베의 수상 등극은 불가능한 일이었다. 당내 요직이라고는 간사장(이에 대해서는 뒤에서 상세히 언급)을 경험한 것이 전부인데, 관방 장관으로 첫 입각을 한 지 1년 만에 수상의 자리를 차지하였으니 아베야말로 고이즈미 개혁의 수혜를 온몸으로 받았다 하겠다.

출세 가도가 너무 빨랐던 것일까. 2006년의 제1차 아베 내각 때는 당권을 장악하지 못하고, 수상으로서도 국정 운영에 좌충우돌하면서 여론의 뭇매를 맞는다. 어느 날 갑자기 지병을 이유로 임기 1년도 채우지 못하고 정권을 내던진다. 한겨울을 봄인 줄 착각하고 겨울잠자다 뛰쳐나온 개구리가 꽃샘추위에 덜덜 떨다가 다시 제집으로 기어 돌아온 꼴이 된 셈이다. 이때야말로 누구나 아베는 정치가로서 끝났다고 생각했을 것이다.

이처럼 보수의 아이콘, 전후 출생 세대로 차기 리더로서 각광을 받으며 화려하게 수상에 등극한 아베는, 기대와 달리 임기 1년을 못 채우고 퇴진했다. 그 뒤를 이어 후쿠다 야스오(福田康夫, 2007년 9월~2008년 9월), 아소 다로(麻生太郎, 2008년 9월~2009년 9월)가 자민당 총재 당선 후 수상이 되지만, 이렇다 할 특징이 없는 계투 요원에 지나지 않았다.

아베의 뒤를 이은 자민당의 두 수상 모두 임기 1년 만에 물러나게 되고, 이후 정권 교체로 민주당 정권이 들어서지만 민주당의 수상도 역시 1년을 채우지 못하고 퇴진한다. 일본 수상이 해마다 바뀌니 선진국 정상 회담(G7 Summit), 아시아 태평양 경제 협력체(APEC) 등의 국제회의에 참석하는 일본 수상의 이름과 얼굴을 외우기 힘들다고 조롱을 당하는 수모를 맛보기도 한다. 아마 이때 일본 수상이 무능하고 실권이 없다는 마이너스 이미지가 정착되지 않았나 싶다.

아소 다로와 자민당의 조락(凋落)

2008년 9월 후쿠다 전 수상의 뒤를 이어 제92대 내각 총리대신으로 취임한 아소 다로.

그는 전형적인 일본 명문가 출신이다. 한국에서 유행하는 금수저인데 그 금수저 중에서도 순도 100%의 금수저 출신 세습 정치가이다. 아소의 부친은 큐슈에서 사업에 크게 성공한 실업가이며 중의원 의원도 지냈다. 그의 부인은 전후 일본의 기틀을 잡으며 복구의 기반을 닦은, 지금도 재상(宰相) 중의 재상으로 칭송이 자자한 요시다 시게루(吉田茂, 1878~1967) 전 수상의 딸이다. 그 둘 사이에서 태어난 사람이 아소 다로이니 재력과 명예를 모두 갖춘 집안의 귀공자로 태어나 성장한 인물이라 할 수 있다. 아소의 여동생은 황족과 혼인하여 황실과도 연을 맺었으며, 아소 다로 본인의 부인은 스즈키 젠코(鈴木善幸) 전 수상의 딸이다.

아소는 재임 중 국회 답변과 기자회견, 인터뷰 등에서 한자를 오독하여 여러 번 구설수에 올랐으며 학창 시절 책이라곤 만화책만 읽었다느니, 생필품인 컵라면 값도 모르는 등 서민과는 동떨어진 금수저 출신 특유의 헛발질을 계속한다. 이런 금수저 출신 세습 정치가에 대해 국민은 염증을 느끼고, 연일 매스컴에서는 조롱의 대상이 되어 지지율도 곤두박질치게 된다.

그러나 아소는 어린이들에게는 한자를 못 읽고 만화책만 읽어도 수상이 될 수 있다는 자신감을 심어주는 공적(?)을 남기기도 했다. 이때 유행한 말 중에 KY라는 말이 있는데, 이는 일본어로 '漢字讀めない'라는 말과 '空気読めない'라는 말의

아소 다로는 수상 역임자이지만 현 아베 내각에서는 부총리 겸 재무대신으로 넘버 투의 위치에 있다.

알파벳 이니셜을 딴 것이다. 전자는 '한자를 못 읽는다'는 말이고, 후자는 '공기를 읽지 못한다'는 뜻으로 분위기 파악 못하는 사람을 가리키는 대명사가 되기도 하였다.

과거 수상 시절에는 '더블 KY'라며 조롱의 대상이 되었던 아소는 현재 제4차 아베 내각에서는 부총리와 재무대신을 겸임하는 이인자로서, 자민당 내 아소파(59명)를 이끄는 파벌의 영수로써 아베 정권을 떠받치고 있다.

이런 현직 수상과 장기간의 자민당 일당 지배 체제에 국민이 식상해 있을 때, 미국에서는 버락 오바마(Barack Hussein Obama) 민주당 대통령이 탄생했다. 이른바 '체인지(Change)'가 시대의 화두가 된다. 일본에서도 하토야마 유키오(鳩山由紀夫)를 중심으로 한 민주당이 '정권 교체', '탈관료(脫官僚)' 등의 슬로건을 내세워 자민·공명당 연립 정권을 공격하며 세를 넓혀 나간다.

2009년 8월 아소 수상은 중의원 해산이라는 악수를 두어 선거전을 치르는데, 결과는 민주당이 중의원 308석을 차지하는 압도적 승리로 막을 내린다. 55년 자민당 창당 이래, 1993년 호소카와 연립 정권

에 의한 정권 교체가 있었지만, 이때는 야당의 반 자민당 연립에 의한 정권 교체였다. 과반수에 미치지 못했지만 의석수로는 자민당이 여전히 제1당(정원 511명 중 223석)의 위치를 고수하고 있었으나 이 선거에서는 처음으로 제1당의 위치에서 곤두박질친다. 진정한 의미의 정권 교체가 이루어진 것이다. 이는 일본 정치사에 큰 획을 긋는 획기적인 (epoch-making) 선거 결과였다.

구관이 명관인가, 민주당 정권의 실패

무엇이든 기대가 크면 실망도 큰 법인가 보다. 반세기 이상 자민당 일당 독주 체제에 식상한 국민의 기대를 등에 업고 압도적 지지로 첫 정권 교체를 이루어낸 민주당 정권은 집권당으로서의 국정 운영 능력이 시험대에 올랐다. 그러나 민주당은 3년 3개월 동안 세 명의 수상을 거치면서 정권 교체로 단명 정권의 막을 내린다.

하토야마 수상은 정치자금 스캔들과 오키나와 미군기지 이전 문제로 일 년을 못 채우고 퇴진하고, 뒤를 이은 간 나오토(菅直人) 수상은 재임 중 희대의 천재지변(2011년 3월 11일 동일본 대지진)을 맞는다. 이때 민주당 정부의 재해 수습 대응이 좌충우돌, 중구난방이었던 것이 치명타가 되어 결국 아베가 이끄는 자민당에 정권을 넘겨주게 된다.

여기서 주목할 것은, 당시 민주당의 간 수상이 관료 조직을 '빠가(馬鹿ばか)'라고 공식 석상에서 노골적으로 비난하는 등 관료 조직과 척을 지는 태도를 견지한 것이다. 이런 수상의 태도가 3.11 대지진과 같은 국가 재난 상황에 직면하여 관료 조직의 협조를 이끌어내지 못한 채로 리더십을 발휘할 수 없었다. 이는 당시 관료 조직에 만연하던 기강 해이를 바로잡고자 하는 수상의 굳은 의지의 표출로 이해할 수 있으나, 이를 실현하는 수법에 문제가 있음을 드러냈다.

물론 비대하고 방만해진 관료 조직은 본연의 업무 수행에 적합한 수준으로 조정해야 할 필요는 있지만, 관료 조직 전체를 행정부의 장인 수상이 직접 '빠가 집단'이라 칭하며 적개심을 드러냄으로써, 관료들의 조직적 저항에 부딪혔고, 이는 3.11 대지진 수습에 큰 차질을 초래했다.

그런 반성 때문일까? 간 수상의 뒤를 이어 민주당의 세 번째 수상이 된 노다 요시히코는 관료 조직을 포용하려는 태도를 취하는데, 역으로 관료의 논리에 휘둘려 우왕좌왕하는 모습을 연출한다. 집권 정당의 경험이 전무한 채로 정권을 잡았을 때 견고한 관료 조직과의 관계 설정과 운용에 있어 민주당은 실패를 거듭한 것이다.

또한 오랜 시간에 걸쳐 견고히 구축되어 온 자민당과 기업과의 유착 구조를 안이하게 보았다는 실책을 지적하지 않을 수 없다. 재해복구 과정에서 도쿄전력이라는 거대 괴물에 휘둘리면서 끌려다니는 민주당 정권을 보면서 국민은 품었던 기대를 접고, 역시 '구관이 명관'이라는 파토스가 자리 잡는 계기가 되었음을 지적하지 않을 수 없다. 결과적으로 민주당의 아마추어리즘으로 실패한 정권 운영 사례라 할 수 있다.

민주당으로의 정권 교체를 지지했던 이유

민주당으로 정권 교체가 이루어질 때 필자도 내심 민주당을 응원하고 있었다. 물론 한국 국적인 필자는 참정권이 없다. 영주권자라 해도 일본 국적이 아니면 국정선거와 지방선거 모두 참정권이 주어지지 않는다. 비록 투표권은 가질 수 없었으나 민주당 정권 탄생을 바랐던 이유는 '어린이 수당(子供手当)' 때문이었다.

이전 자민당 정권에서도 '아동 수당'이 있었다. 0세에서 15세까지의 자녀를 둔 부모에게 월별로 일정액을 지자체가 보조하는 형식이었는데, 부모의 소득 제한 규정이 있어 소득이 일정 액수를 넘는 부모는 아동 수당을 거의 받을 수 없었다. 필자는 아이를 넷이나 키우는 입장이었지만 소득이 법으로 정한 일정액을 넘은 상태였다. 정말 유감스럽게도 약간만 웃도는 차이로 아동 수당의 혜택을 받지 못해 안타깝기 그지없었다.

세금은 원천징수로 빠짐없이 거둬가면서 살짝 넘긴 소득 상한선으로 아동 수당의 수령 대상에서 제외되어 있었기에 개운치가 않았다. 왜냐하면 통상 자녀 둘을 기준으로 부모의 소득 제한 기준이 정해지는데, 셋이나 넷인 부모에게도 이 기준을 일률적으로 적용하는 것이 현실을 도외시한 정책으로 생각했기에 불만은 커져만 갔다.

그런데 민주당은 자민당의 '아동 수당'을 '어린이 수당'으로 아예 명칭을 바꾸고 부모의 소득 제한 규정까지 폐지, 어린이 한 명당 일률적으로 월 13,000엔을 지급한다는 것이다. 게다가 1년 후에는 그 두 배인 26,000엔으로 증액 지급한다고 공약했다.

애초부터 공립학교에 보내려 했으나 자리가 없어 사립유치원에 다니는 아이 둘이 있었던 필자는 유치원비가 큰 부담이었던 차에 민주당의 공약이 가뭄에 단비 같은 희소식이었다. 왜냐하면 사립유치원의 경우엔 월사금을 지자체에서 지원해주는데 이 또한 소득 제한이 있어 전혀 보조를 받지 못한 상황이었다. 실제 필자의 바람대로 민주당은 정권 교체를 이루어냈고 '정치 주도'라는 슬로건 하에 의욕적으로 개혁을 추진했다.

어린이 수당도 하토야마 내각에서 2010년 4월 법안이 통과되어 그해 6월부터 아이 한 명에 일률적으로 월 13,000엔의 수당이 지급되었다. 필자는 15세 이하의 자녀가 네 명이었기에 한 달에 52,000엔의 어린이 수당을 받을 수 있었다. 더구나 수당은 매달 지급되는 것이 아니라 4개월 치를 한꺼번에 은행 계좌에 입금해주는 형식이었다. 만만치 않은 목돈이니 민주당 정권 만세를 부를 정도로 반가웠다. 나라에서 돈을 주는데 이보다 더 좋은 일이 있을까…

그러나 2011년 3월 11일에 발생한 동일본 대지진이라는 전대미문의 재해로 재해 수습과 복구를 위한 재원이 필요하게 되었다. 이를 계기로 당시 야당이었던 자민당의 공세가 거세진다. 어린이 수당은 '세금 낭비'이며 '선심 행정'이라는 날선 비판에 민주당 정권은 허무하게 굴복한다. 2011년 10월 이후엔 과거 자민당 시절에 행했던 아동 수당 제도로 되돌리기에 이른다.

이런 민주당의 행태에 비록 참정권이 없는 외국인 입장이었으나 실망이 이만저만이 아니었다. 재해 복구와 수습 과정에서 민주당 정권의 우왕좌왕하는 꼴, 야당의 공세에 단호히 대응하지 못하고 질질 끌려다니는 모습에 많은 민주당 지지자들이 등을 돌렸다.

개혁은 신속하면서 파괴력이 있어야 한다. 여론의 동향을 살피면서 수정과 조정이 잦다 보면 본래 취지와는 동떨어진 이도 저도 아닌 개선안에 그치기 일쑤다. 당연히 초기 개혁을 기대하고 지지했던 지지자들에게 큰 실망과 분노를 안기게 된다. 아직도 일본 사회에 뿌리 깊게 남아있는 구(舊)민주당에 대한 불신의 골이 깊다. 물론 그 반사 이익으로 아베 자민당이 승승장구하는 요인이기도 하다.

일본은 차별 국가인가

필자가 1990년 유학을 올 때만 해도 일본은 한국인에 대한 차별과 핍박이 심한 나라라는 이미지가 있었다. 한국인을 '조센진' 또는 '총'이라 비하하며 갖은 차별과 이지메가 공공연히 행해지는 나라라는 막연한 인상이 있었기에 두려움을 안은 채 일본 생활을 시작했다.

그러나 결론부터 말하자면 지금까지 어떠한 차별을 받아 본 경험이 없다. 물론 유학 초기 한국인이라서 집을 구하기 힘들었던 일이나, 아르바이트를 하고 싶어도 일본인이 아니라서 또는 유학생 신분이라서 안 된다며 거절을 당한 경우는 꽤나 있었다. 그러나 이는 집주인이나 알바 고용주의 사정이나 개인 성향에 의한 것이지 법적 또는 제도적인 차별은 아니었다. 필자가 말하고자 하는 것은 제도적인 차별이다.

또한 여기서 말하는 대상이나 시대는 어디까지나 필자와 주변의 지인들처럼 1990년대에 정착한 세대에 한정된다. 재일 코리안 중에도 식민지 시대부터 살아온 재일 동포와 그 후손들이 겪어야 했던 차별과 사회적 억압을 포함하는 것이 결코 아니다. 필자가 유학을 시작한 1990년부터 일본에서 생활하면서 제도적인 차별을 받지 않았다는 의미이다.

필자는 1990년 4월에 일본으로 건너가 미국 미시간대학교에 방문학자로 가 있던 2년간(2012~2014년)을 제외하고는 계속 도쿄에서 생활하고 있다. 1990년부터 2000년까지는 학생 신분으로, 그 후 취업 활동 기간을 거쳐 2002년 4월부터 지금 근무하는 대학의 전임강사로 보임돼 현재에 이르고 있다. 정교수로 정년도 보장 받고 있다.

더구나 올 4월부터는 학부의 총책임자인 학부장에 취임하여 학교 운영에도 깊이 관여하고 있다. 학부장은 순번제로 맡는 학과장과는 달리 5개 학과의 총책임자로 전임 교수들의 투표로 선출되는데, 법학부 내 유일한 외국인인 필자가 투표에서 압도적 지지를 받아 당선되었다.

마치 본인의 자랑을 늘어놓은 것 같아 면구스럽기도 하지만 필자가 말하고자 하는 것은 지금까지 30년 가까이 외국인의 입장으로 이곳에서 살면서 차별을 받아 본 적이 없다는 점이다. 본인의 노력 여하에 따라서는 조직의 책임자로 활약할 수 있다는 것을 말해준다.

설령 일본인이 한국이나 한국인에 대한 차별 감정을 마음속에 품고 있다고 하더라도 그건 어디까지나 개인적인 이념이나 성향의 문제라고 생각한다. 혐한 헤이트스피치에 적극 참여하고 인터넷에 기생하며 한국 관련 기사에 미친 듯이 달려들어 악플을 달며 희열을 느끼는 넷우익 같은 부류들이 갖는 한국과 한국인에 대한 적대감은 아마 상상을 초월할 정도다.

그러나 그건 그네들의 정치적 성향이나 이념의 문제이니 통제할 수 없다. 다만 그로 인해 타인에게 고통이나 피해를 주게 된다면 법적, 제도적으로 통제하고 제어하면 된다. 2016년에 성립, 시행되고 있는 일명 '헤이트스피치 해소법'이 그 예라 할 수 있다.

필자는 지금까지 외국인으로 살면서 일본인들이 받는 각종 행정

서비스나 혜택을 외국인이라고 못 받거나 차별 당하는 일이 없었다. 앞서 소개한 아동 수당 같은 복지 수당도 그렇고 의료보험을 비롯한 각종 사회보장 제도도 일본인과 똑같이 취급되고 대우를 받았다.

학위를 받기 위해 서른 중반까지도 학생 신분을 유지할 수밖에 없었는데, 이때 장학금과 아르바이트 수입 외에 월급 같은 정기적인 수입이 없다는 이유로 세금을 비롯한 사회보장비의 지불을 면제 또는 감면 받는 혜택을 받았다.

지금은 대학에 근무하며 야금야금 올라가는 주민세와 소득세를 비롯하여 각종 사회보장비의 부담이 늘어가기에 언짢은 것은 사실이다. 그러나 월급을 받는 샐러리맨은 자신의 의지와 관계없이 원천징수 후 월급이 지급되므로 조세 저항 같은 건 있을 수 없는 일이다.

아베노믹스로 일본 경제가 활성화되며 상승 곡선을 그리지만, 샐러리맨들의 급여는 아베가 집권한 2012년 말보다 언론에서 떠드는 것처럼 눈에 띄게 나아진 것이 없다. 매년 호봉은 올라가지만 각종 증세가 야금야금 파먹은 탓에 손에 쥐는 액수는 5년 전에 비해 그다지 많지 않다. 아베노믹스에 의해 경기가 좋아졌다는 보도와는 달리 소비 구매력이 호전되지 않는 주된 이유다.

본론으로 다시 돌아오자. 분명한 사실은 일본인 각자가 갖고 있는 외국인 특히 한국인에 대한 속감정은 알 길이 없다. 적어도 한일 관계가 냉랭해지고 일본에서 혐한 데모가 기승을 부리고, 한편으론 한국에서 반일 데모가 격화되어도 실제로 일본에서 살고 있는 한국인으로 제도적인 차별은 선거를 통한 참정권을 제외하고는 없다. 아울러 보수적인 성향이 강한 법학부의 교육 현장에서도 외국인 동료를 책임자로 선출할 정도로 개방적이고 민주적인 면모도 갖추고 있다.

물론 외국인에게는 외국인 등록 시 지문 날인(2000년 폐지)이나 일본 입국 시 지문 채취와 얼굴 촬영 등이 의무화되어 있으나 이를 차별로 볼지 어떨지는 개인의 수용 여부에 따라 다르다고 생각한다.

눈에 보이지 않는 외국인에 대한 곱지 않은 시선과 싸늘한 감정을 느낄 때도 물론 있다. 하지만 그 정도는 어느 나라, 어느 지역에 살더라도 흔히 있을 수 있는 일이라 생각한다. 이방인의 입장에서는 그 정도는 떨쳐내고 극복할 수 있어야 이국 땅에서 자리 잡고 살아갈 수 있다.

중요한 것은 자국민과 외국인에 대한 대우와 취급이 법적, 제도적으로 동등하다면, 그런 사회는 그곳이 어디든 살만한 곳이 아닌가하는 점이다. 적어도 필자가 28년간 살고 있는 지금의 일본은 그런 사회이다.

수상의 '전가의 보도' 국회 해산권

의원내각제를 채택하고 있는 일본과 대통령제인 한국이나 미국의 정치 시스템 중 가장 큰 차이점이 '행정부'의 장인 수상에 의한 '입법부', 즉 중의원(하원) 해산 권한일 것이다. 여담이지만 한국은 대통령제를 채택하면서도 과거 유신헌법과 제5공화국 헌법에는 대통령에 의한 '국회 해산권'이 부여되어 있었다. 아마도 당시의 권력자들이 일본 수상의 국회 해산권이 강력하면서도 유효한 통치 수단임을 알고 내심 동경하고 있었는지 모르겠다.

현행 일본국 헌법은 제7조와 제69조에 중의원 해산에 관해 규정하고 있다. 제7조는 '천황은 내각의 조언과 승인에 의해, 중의원을 해산'하는 것을 국사 행위로 규정하고 있는데, 알다시피 천황은 통치행위가 금지되어 있는 상징적 인물이므로 그 권한은 내각에 귀속된다. 내각은 내각법에 따르면 내각 총리대신(수상)과 국무대신(각료)으로 조직되며 이들의 임명 요건은 '문민(文民)' 즉 '민간인'이어야 한다. 내각은 기본적으로 14명 이내로 구성되나 특별한 경우에는 17인 이내까지 늘릴 수 있다.

내각의 의사 결정을 위해 각의(閣議, 국무회의)가 통상 일주일에 두 번(화·금요일 오전) 열린다. 각의의 의사 결정은 구성원 전원 일치가 원칙이다. 만일 첨예한 안건에 대해 반대하여 서명을 거부하는 각료가 있을 경우에는 임명권자인 총리대신의 권한으로 이를 파면하고, 총리가 임시로 직책을 대행하거나 새로 임명하게 된다. 따라서 중의원 해산에 관한 권한도 내각이라고는 하지만 실제로는 총리대신 즉 수상의 전권(專權)인 것이다. 과거 2005년 고이즈미 정권 때 '우정 해산(郵政解散)'에 대해 반대하던 각료를 파면하고, 고이즈미가 대행하여 서명하고 해산을 실시한 예가 있다.

참고로 헌법 제69조 해산은 국회에서 내각에 대한 불신임안이 가결(또는 부결) 되었을 때, 이에 대한 대항 조치로서 중의원을 해산하는 것을 말한다. 이를 '대항적 해산'이라 한다. 일본 학계에서도 중의원 해산에 대한 헌법 제7조와 제69조에 대한 법리 다툼은 있으나, 총리에 의한 중의원 해산은 제7조에 의거하여 실시되는 것으로 해석되고 있다.

현행 헌법에 규정된 수상에게 주어진 중의원 해산권에 대해서는 애초부터 권력의 남용을 우려하는 목소리가 있었다. 헌법 제정 당시 점령 당국은 수상에 의한 중의원 해산이 정치적으로 악용될 것을 염려하여 "국회 해산권은 정부가 정치적 컨트롤의 수단으로 사용해서는 안 된다"는 메모를 일본 정부 측에 전달했다고 한다. 애초부터 수상에 의한 중의원 해산권이 정치적으로 이용될 가능성에 대한 우려가 있었음을 알 수 있는 일화이다.

실제로 역대 장기집권 수상 역임자도 이런 권한에 대해 "내각은 개조하면 할수록 총리의 권력은 약해지고, 해산은 하면 할수록 강해진다"(사토 에이사쿠), "수상 권력의 최대 원천은 해산권과 인사권이다"(고이즈미 준이치로)라는 감상을 남기고 있다. 그럼 일본 수상의 최대 권한 중 하나인 중의원 해산권에 대해 좀 더 상세히 살펴보도록 하자.

개혁과 변화에 대한 국민적 기대를 안고 출범한 민주당 정권은 4년도 채우지 못하고 정권을 다시 자민당과 공명당의 연립 정권에 내준다. 여기서 한 가지 주목할 사실은 민주당이 정권 교체를 이루어낼 때의 자민당 수상은 아소 다로였고, 민주당이 다시 자민당에 정권을 내줄 때의 민주당 수상은 노다 요시히코였다. 이 두 수상은 임기 만료에 따라 중의원 선거를 치른 것이 아니라, 임기 만료 전에 중의원을 해산하고 총선을 치렀다.

앞서 살펴본 대로 의원내각제의 수상은 국회에서 임명되며 국회에 대해 책임을 지는 입장이므로, 원활한 국정 운영을 위해서는 국회와의 원만한 관계 유지가 필수 불가결하다. 물론 국회 다수당의 당수(총재)가 총리가 되는 것이 일반적이므로 통상적으로는 의원내각제의 수상이 대통령제 하의 대통령과 국회와의 관계보다는 훨씬 우호적인 관계에 있다.

그러나 당과의 불화로 파열음이 일거나 수상이 당권을 장악하고자 하는 의도가 있을 때, 수상에게 주어진 국회 해산권이란 전가의 보도를 빼들어 국회를 해산하고, 총선거를 지휘하면서 공천권, 선거 자금과 선거 유세 지원 등을 통하여 자신을 추종하는 세력 확장을 꾀하는 것이다. 따라서 선거에서 승리하게 되면 자신의 의지대로 국정을 운영하기 위한 기반을 구축할 수 있다.

수상은 해산 총선거라는 카드를 만지작거리며 국회와 밀당을 할 수 있으며, 이런 과정에서 야당의 형세나 여론의 추이를 주시, 관찰하여 야당이 총선거를 치를 준비가 미처 되지 못한 상태에서 해산 총선거를 시행, 선거를 유리하게 이끌 수도 있다. 또한 내각에 대한 지지율이 높을 때 '명분'을 만들어 해산 총선거를 실시함으로써 의석수 확장을 꾀할 수도 있다.

이처럼 헌법에 보장된 국회 해산권은 수상의 정치적 판단으로 얼마든지 유효하게 활용할 수 있는 '전가의 보도'인 것이다. 이 또한 과거처럼 파벌 정치가 위력을 떨치고 있다면 수상 독단으로 해산 총선거를 실시하는 것이 현실적으로 불가능하다. 그러나 고이즈미로 인해 파벌이 영향력을 잃은 상태에서 수상이 된 아베는 파벌의 눈치를 살피며 당내 조정에 힘을 기울여야 하는 부담에서 상대적으로 자유로웠고, 자신의 의지대로 정국 운영이 가능한 환경이 갖추어져 있었다고 보는 것이 타당할 것이다. 이런 점에서도 아베는 '운'을 타고난 정치가라 아니할 수 없다.

물론 수상의 국회 해산권이 항상 의도한 결과를 이끌어내는 것은 아니다. 아소와 노다 전 수상은 국회 해산이라는 칼을 빼들었다가 자충수를 두고 물러나게 된 최악의 경우이지만, 이를 누구보다 적절히 사용한 것이 다름 아닌 아베 수상이다. 2012년 정권 탈환 선거에서 중의원 정수 475명 중 294석을 차지하여 절반이 넘는 안정 의석을 확보한 아베 자민당은 중의원 임기 4년 동안 국회 해산에 따른 총선거는 없

수상의 중의원 해산권에 대해서는 무분별한 남용과 독재정권 구축에 악용될 수 있다는 점 등을 들어 제한을 두어야 한다는 여론도 만만치 않다.

을 것으로 예상했다. 그러나 아베는 임기 2년을 채우지도 않은 2014년 11월 중의원을 해산하여(일명 '아베노믹스 해산') 12월에 다시 한번 총선거를 실시한다.

'도대체 왜?'라는 의문을 갖지 않을 수 없다. 결론적으로 보면 이번 해산 총선거로 자민당은 295석에서 291석으로 오히려 의석수가 줄었다. 그런데 언론의 평가는 아베 자민당의 대승이라 평가한다. 단순히 의석수가 줄었음에도 대승이라는 평가라니 의아한 일이 아닐 수 없다. 사실 연립 정권의 한 축인 공명당은 의석수를 늘려 35석을 확보하였기에 선거 전후 연립 정권의 의석수는 거의 변함이 없었다. 그럼에도 불구하고 아베 자민당의 승리라 평가하는 것은 당시 선거의 최대 이슈로 다루어진 '아베노믹스'에 대한 국민의 성적표를 받았다는 의미로 받아들여진다.

그러나 실제로 '아베노믹스'에 대한 국민의 신임을 묻는다는 것은 어디까지나 표면적인 명분에 불과하다고 보는 것이 사실에 가깝다. 아베 자민당이 이번 선거전을 통하여 언급을 꺼리던 첨예한 현안들을 패키지로 묶어서 신임을 받았다는 자의적 해석이 가능하다. 집단적 자위권, 원전 재가동, 비밀 보호법 제정, 오키나와 기지 이전 문제, 소비세 10% 인상 등 찬반 대립이 극심한 쟁점들이 이 선거를 통하여 거론되곤 했지만, 아베 자민당은 오로지 아베노믹스만을 강조하며 선거전을 치렀다.

표면적으로는 장기 불황에 따른 디플레이션 탈피 추진과 '아베노믹스'로 불리는 경제정책에 대한 신임을 묻기 위한 선거라 공언하였지만, 사실은 앞에서 열거한 것과 같은 찬반으로 격렬한 논쟁이 예상되는 첨예한 과제들을 조심스레 추진하는 과정에서 치러진 선거였던 것이다. 그렇기 때문에 해산 총선거 전과 후의 의석수가 변동이 없었다는 결과를 이끌어냈다는 건 결국 아베의 이런 선거 전략과 목적이 달성되었다는 것을 의미한다. 실제로 2년 만에 치러진 아베노믹스 해산 총선거 이후, 아베 정권은 위에서 열거한 현안들을 독선적인 수법으로 착착 달성해 나가게 된다.

이처럼 수상이 갖고 있는 해산 총선거 권한은 비단 의석수를 늘리기 위한 수단으로만 사용되는 것이 아닌, 정권이 추진하고자 하는 첨예한 정책이나 쟁점을 돌파하기 위한 환경을 조성하며 명분까지 얻는 수단으로 이용되기도 한다는 점을 간과해서는 안 된다. 이런 고도의 통치 전략을 강행하며 정국 돌파구를 만들어 가는 아베는 과거 임기 일 년을 못 채우고 정권을 내팽개쳤던 봇차마(坊ちゃま, 도련님) 수상이 아닌 산전수전 공중전을 겪은 노련한 정치가로 변모해 있음을 나타내는 선거였다고 평가할 수 있다.

국회 해산권을 이용한 당권 장악 프로세스

정치가에게 선거는 사활이 걸린 문제다. 과거 중선거구제에서 소선거구제로 선거제도가 바뀐 후에는 국회 입성을 꿈꾸는 자는 어떡해서든 당의 공천을 받아 당선되는 것이 최대 목표가 된다. 이런 선거 과정을 통하여 수상이 당권을 장악하고 자신의 정치적 입지와 기반을 공고히 다지는 사례로 2005년 8월에 있었던 고이즈미의 '우정(郵政) 해산' 선거를 살펴보면 일목요연하다.

2005년 고이즈미는 자신의 정치생명을 건 '우정 사업 민영화'를 강행한다. 이에는 지방 특히 농산어촌 지역구를 둔 정치가를 중심으로 자민당 내에서도 맹렬한 반대가 일지만, 독불장군 고이즈미는 강경 돌파로 밀어붙인다. 결국 우정 민영화 법안은 자민당 내의 내홍을 겪으며 우여곡절 끝에 중의원을 통과하지만, 참의원에서 부결되는 대참사가 초래된다.

고이즈미가 정치적 위기를 맞는다. 일본의 국회 운영상 참의원에서 부결되더라도 다시 한번 중의원에서 표결에 부쳐 가결되면 법안은 성립이 된다(하원 우위의 원칙). 하지만 한번 부결된 안건을 다시 중의원으로 되돌려 표결에 부쳐 통과시키기에는 여러모로 정치적 부담이 클 수밖에 없다.

그러나 고이즈미는 중의원 해산이라는 초강수를 둔다. 위기를 찬스로 전환시키는 고이즈미 특유의 정치적 감각이 빛을 발한다. 수상이 정치적 위기를 돌파하기 위한 수단으로 중의원(하원)의 '헤쳐 모여'라는 전가의 보도를 꺼내든 것이다.

물론 이에는 자민당 내에서도 참의원에서 부결되었는데 어째서 중의원을 해산하는가 하는 근본적인 반발과 비난 여론이 비등했으나 이에 굴복할 고이즈미가 아니다. 한번 마음먹으면 끝까지 밀어붙이는 고집불통이 고이즈미의 캐릭터이기도 하고, 당시 원후레이즈 정치로 '극장 정치'를 교묘히 이용하여 국민적 지지가 높았던 고이즈미가 대승부에 나선 것이다. 우정 사업에 반대하는 의원들을 개혁을 방해하는 '기득권＝저항 세력'으로 단순 도식화, 매도하면서 선거전에 임한다.

중의원이 해산되면 의원들은 짐 싸들고 자신의 지역구로 달려가 선거를 준비해야 한다. 그런데 그전에 문제가 발생한다. 우정 사업 민영화에 반대하던 자민당 내의 중진 의원들을 비롯한 반대 의원들에게 고이즈미가 자민당 공천을 거부한 것이다. 이참에 자신을 따르지 않는 세력을 모두 제거하겠다는 심산이었다. 당연히 이들은 어쩔 수 없이 자민당을 탈당하여 무소속이나 따로 신당을 만들어 선거를 치른다.

그러나 고이즈미가 반대 세력에 공천을 하지 않고 내쳐 버리는 정도로 그칠 인물이 아니다. 자민당을 탈당하여 자신의 지역구에 무소속이나 타 정당으로 입후보한 반대 세력들을 응징하기 위해 그 후보자들의 지역구에 맞서서 싸울 기라성 같은 신예 정치가들을 대거 등용하여 대항마로 내세운다. 이를 당시 언론에서는 고이즈미의 '자객'이라 불렀다. 그리고 이들에게 힘을 실어주기 위해 고이즈미 본인은 물론 자민당 내의 간부 및 지명도가 높은 정치가들이 연일 번갈아가며 지원 유세에 나서면서 일대 붐을 일으킨다.

선거 결과는 국민적 인기를 등에 업은 고이즈미 자민당의 압도적 승리로 막을 내렸다. 당시 480명 정원 중 자민당이 296석을 차지한다. 이는 선거 전의 212석에서 84석이나 늘린 고이즈미의 대승리였다. 물론 고이즈미가 보낸 자객에 의해 처참히 패배하여 정치생명이 끝난 (전)자민당 의원들도 있다.

이때 자객으로 등용되어 고이즈미 붐에 편승하여 선거에서 승리하고 당선된 의원들이 후일 '고이즈미 칠드런'으로 불리며 자민당 내의 신진 세력을 형성한다. 과거 자민당 파벌 정치의 현대판 버전이라고 하겠다. 지금 도쿄 도지사인 고이케 유리코도 이때 고이즈미의 자객으로 활약했다.

물론 고이즈미가 일본 사회에서는 '변인(変人)'으로 불리며 '이단아' 같은 특이한 캐릭터이긴 하지만, 수상이 갖고 있는 국회 해산권의 적절한 활용과 함께 자민당 제1인자로서 전권을 장악하고 행사할 수 있는 권한은 실로 엄청난 것이다.

2005년 우정민영화를 추진하던 고이즈미 수상은 법안이 참의원에서 부결되자 중의원 해산을 강행한다. 비판 여론에 대해서는 국민에게 물어보자며 자신의 해산 총선거 강행을 정당화한다.

앞서 살펴본 대로 소선거구제 하의 공천권 행사는 기존의 당내 의원들은 물론이고 새로이 입후보하고자 하는 지원자에게는 자신의 '생사여탈권'을 총재가 쥐고 있는 셈이며, 정당 보조금의 운용을 통한 지원 등으로 당력을 집중시키고 모을 수 있다는 점에 주목해야 한다.

또한 수상은 고이즈미처럼 자신에게 등을 돌린 세력에게는 당에서 퇴출시키는 것으로 만족하지 않고, 자객을 보내 다시는 재기할 수 없도록 응징하는 비정함과 철저함을 갖추게 되면 그야말로 명실상부한 권력자로 군림하며 자신의 정치를 펼쳐나갈 수 있는 길이 열리는 것이다.

정치판에선 어설픈 동정론이나 국민 대화합이니 뭐니 하는 말은 공허한 메아리에 불과하다. 정치에서 섣부른 온정주의는 무용지물이다. 정치적 장애물은 재기 불능의 상태로까지 분쇄해 놓지 않으면, 훗날 비수가 되어 자신의 등에 꽂힐 수 있기 때문이다. 사무라이 정치의 진수를 고이즈미가 보여준 것이다.

어제의 동지가 오늘의 적

정치적 사제 간과도 같았던 고이즈미와 아베가 2015년에 실시된 도쿄 도지사 선거에서는 원전 문제를 둘러싸고 맞섰다. 물론 아베의 일방적 승리로 막을 내렸지만, 어제의 스승이 오늘의 적이 되는 정치판의 냉혹함을 실감케 한다.

아베는 2001년 고이즈미 정권 하에서 처음으로 관방 부장관으로 등용된 후, 고이즈미의 총애와 함께 2003년 9월에는 자민당 간사장으로 전격 발탁되어 당무를 경험했다. 2002년 9월 고이즈미의 평양 방문에 동행하여 당시 김정일 국방 위원장과 일본인 납치 문제를 논의하면서 강경한 태도로 일관한 것이 계기가 되어 국민적 인기와 관심이 급상승하기 시작했다. 북한에 의한 일본인 납치 사건이 표면화되면서 일본의 이전까지의 한반도나 중국에 대한 태도에 변화가 일기 시작했다는 분석이 흥미롭다.

즉 2002년 9월 고이즈미의 전격적인 북한 방문으로 '평양 선언'이 이루어진 후, 특히 한반도와 중국에 대해서 항상 '가해자'로서 반성을 강요받아 온 일본이 전후 처음으로 '피해자' 입장으로 역전된 것에 힘을 받아 그전까지 모습을 드러내지 않던 '반북한 내셔널리즘'이 폭발한다. 이를 계기로 대북한 강경파로 대응해 온 아베의 인기가 급상승하게 되었다는 분석이다. 그 후 이런 국민적 인기를 바탕으로 아베는 고이즈미의 제3차 내각(2005년 10월)에서 드디어 관방 장관으로 임명되며 첫 입각의 영광을 누린다.

고이즈미의 비호하에 고속 출세한 아베는 고이즈미 총리의 국정 운영과 국회 대응 그리고 자민당의 당권 장악과 관리 비결을 지척에서 보고 배워온 인물이다. 고이즈미만큼의 강력한 캐릭터는 없다고 하나, 서당 개 삼 년이면 풍월을 읊는다는데 수상과 자민당 총재로서 정권과 당을 운영해 온 경험이 이미 6년을 넘어 선 아베에겐 이젠 교활한 여유로움마저 느껴진다.

금수저 출신의 한낱 애송이 정치가에 불과했던 자신을 전격적으로 발탁하여 키워주고 기존의 파벌 정치에 좌지우지되던 수상의 권한과 위상을 과감한 개혁을 통하여 지금과 같은 자리를 찾을 수 있게 환경을 닦아 놓은 것이 고이즈미다. 그 후 고이즈미가 당 총재 임기 제한으로 물러나면서 포스트 고이즈미로 낙점하고 밀어준 인물이 아베였다.

그런 정치적 사제 간과도 같은 둘이었지만 이제는 원전 문제 등을 둘러싸고 대립하는 사이가 되어 있다. 어제의 동지가 오늘의 적이 되는 경우라 하겠다. 물론 이는 아베와 고이즈미에 국한되는 이야기도 아니고, 비단 일본 정치에서만 나타나는 현상도 아니다. 하지만 고이즈미로서는 애제자의 괄목할만한 성장에 만족하고 있을까? 아니면 자신의 수상 재임 기간 기록을 일찌감치 갈아 치우고 전후 최장수 재임 기록을 향해 질주하는 모습에 질투를 느끼고 있을까? 하여간 청출어람도 이 정도가 되면 오만 생각이 다 들 것 같다. 그래서 고이즈미가 정계 은퇴 표명 후 재차 아베의 대척점에 서서 정치 활동을 재개한 것일까, 궁금증이 증폭된다.

　　그러나 이 둘은 따지고 보면 자민당 내에서 오랜 시간 함께 국정 운영을 담당해 온 사이다. 고이즈미의 정계 은퇴 후 잠시 반목하는 장면과 시간이 있었으나 둘의 정치적 이념이나 통치 철학은 일맥상통하는 면이 있음을 부정할 수 없다. 따라서 언제든지 둘은 과거처럼 또다시 의기투합하고 서로에게 정치적 영향력을 행사할 수 있을 것이다. 예를 들어 북한의 핵 문제와 일본인 납치 문제 해결을 내걸며 북한과의 국교 정상화를 위한 정치적 퍼포먼스가 절실하게 필요해진 아베 정권에 있어 고이즈미는 대북한 채널을 담당할 수 있는 유일무이한 적임자이기도 하다. 이런 점에서 볼 때 조만간 아베와 고이즈미가 공조하는 장면을 다시 목도하게 될지도 모른다. 이 두 사람은 모두 자의식이 강한 정치가로서 역사에 이름을 남길 절호의 기회를 놓칠 사람들이 아니다.

제4장

거대 정당
자민당을 이끄는
메커니즘

자민당 파벌 정치가 위력을 발휘하던 시절 총재는 핫바지에 불과한 경우도 있었다. 집권 자민당 총재는 자연히 수상이 되므로 행정부의 수반으로서 정부를 이끌어야 하니 당무는 자민당 집행부 3역(役)을 임명하여 맡기게 된다. 이 집행부 3역이라 불리는 주요 포스트가 간사장, 총무회장, 정무조사회장이다. 근래에는 4역이라 하여 '선거 대책 위원장'까지 포함시킨다. 소선거구제로 바뀐 이후 선거가 그만큼 중요하다는 방증이다.

간사장

자민당 간사장(幹事長). 일본어로는 '간지초'라 읽는다. 일본 사회에서는 규모의 대소에 관계없이 여러 사람이 모여 회합을 갖거나 무언가 공동의 일을 추진할 때 제일 먼저 하는 것이 누가 '간사', 즉 '간지'를 담당할 것이냐를 정하는 것이다.

간사의 역할은 구성원 간의 연락과 일정 조정, 장소 예약과 출결 확인, 회합의 순서 결정 및 진행, 회계 등 그 모임의 모든 살림을 도맡아 하는 살림꾼이다. 여담이지만 사적인 모임에서는 목소리 큰 리더 격을 자처하는 사람보다는 이런 궂은일을 도맡아 처리하는 간사 역할을 맡는 사람이 더 신뢰받는다. 물론 서열상 부하나 후배가 맡는 것이 일반적이지만.

자민당 규칙을 보면 '간사장은 총재를 보좌하고, 당무를 집행한다'고 되어 있으며 자민당 내에서는 총재에 이은 실질적인 넘버 투의 직책이다. 통상적으로 자민당 총재는 총리대신이 되어 국정 운영에 몰두하게 되니, 총재를 대신하여 간사장이 자민당을 실질적으로 총괄하며 당무를 맡게 된다.

이처럼 간사장이 총재를 대신하여 당무를 총괄하는데 간사장의 주요 역할은 뭐니 뭐니 해도 선거다. 지역구 후보자 선정, 즉 공천을 비롯하여 선거 일정 계획, 유세 지원, 선거 자금 등 모든 선거 과정을 총괄한다. 두 번째로는 당 재정 관리다. 당의 출납은 간사장이 임명하는 경리국장이 담당하지만, 간사장은 전화 한 통으로 얼마든지 자금 인출이 가능하다. 자민당의 곳간 열쇠를 쥐고 있는 것이 간사장이다. 이처럼 선거와 정치자금과 관련된 권한만을 보더라도 간사장의 역할이 얼마나 막중한가 알 수 있다.

간사장은 선거 외에도 의원 운영 위원회와 당내의 국회 대책 위원회 등을 통하여 국회 운영과 법안 심의를 지휘한다. 다른 정당과의 각종 교섭, 정책 협의 등의 창구 역할을 담당하므로 각종 정책의 기획 입안에도 관여하게 된다. 또한 당내 간부 인사는 물론이고, 각료와 국회 각 위원장의 인사에도 수상과 함께 깊숙이 개입한다. 아울러 간사장은 자민당 넘버 투로서 당의 대변인 역할도 한다. 정례 기자회견은 물론 텔레비전 등 토론회에도 당을 대표하여 참석하는 경우가 많다.

위와 같이 서열로는 넘버 투이지만 총재, 즉 수상이 국정 운영에 전념하게 되면 자연히 당의 운영은 간사장을 중심으로 이루어진다. 전후 역대 자민당 출신 수상은 간사장직을 발판으로 수상의 자리를 노렸고 또 실제로 그렇게 되어 왔음은 잘 알려진 사실이다.

참고로 자민당 창당 이후 간사장을 역임하고 수상이 된 사람을 간사장직 역임 순으로 보면 기시 노부스케(岸信介), 미키 다케오(三木武夫), 후쿠다 다케오(福田赳夫), 다나카 가쿠에이(田中角栄), 나카소네 야스히로(中曽根康弘), 오히라 마사요시(大平正芳), 다케시타 노보루(竹下登), 하시모토 류타로(橋本龍太郎), 오부치 게이조(小渕恵三), 모리 요시로(森喜朗), 아베 신조(安倍晋三), 아소 다로(麻生太郎)로 이어진다. 55년 자민당 결성 이후 일본 정치를 이끌어 온 거물 정치가들이 간사장직을 수행하며 크게 발돋움한 것은 결코 우연이 아니다.

여기서 주의하여 살펴보아야 하는 것은 이렇듯 차기 총리를 예약하는 자리와도 같은 간사장 포스트를 누가, 어떻게 임명하는가하는 점이다. 왜냐하면 과거 자민당은 파벌에 의해 수상이 결정되는 파벌 정치가 위력을 발휘했던 시절이 있었다. 그런 환경에서 과거의 수상이 현재의 수상과 같은 권한 행사가 쉬웠으리라고는 생각되지 않기 때문이다.

과거 자민당 내 파벌의 구심력이 강하고 파벌 정치가 횡행하던 시절에는 한 가지 철칙이 지켜져 왔다. 파벌 간의 조정에 의한 인사이다. 이를 '파벌 균등 인사(派閥均等人事)'라고 하자. 즉 자민당 총재를 선출하는 과정에서 우선 각 파벌은 모든 힘을 쏟아 부어 자기 파벌의 총수가 당 총재가 되도록 총력을 기울인다. 그 결과 자신의 파벌 보스가 총재로 선출되면 다행이지만, 패배하였을 경우 각 파벌은 총재의 인사에 개입하여 파벌의 대소에 따라 대신(장관)을 비롯하여 당내 포스트를 분배하여 나눠 먹는 식으로 정권에 관여하여 왔다.

그러나 위에서 살펴본 대로 당 운영에 있어 절대적인 권한을 갖는 간사장의 인사가 문제가 된다. 총재를 배출한 파벌에서 간사장 포스트까지 차지하게 되면 정부와 당 모두를 특정 파벌이 장악하는 결과를 초래할 수 있기 때문이다. 그래서 자민당 내에서는 오랜 기간 '소간분리(総幹分離)'라는 관행이 적용되고 지켜져 왔다.

'소간분리'란, 총재와 간사장을 분리하는 것이다. 바꿔 말하면, 총재를 배출한 파벌에서는 간사장을 내지 않는 것이다. 즉 총재를 낸 파벌 외의 유력 파벌 중에서 간사장을 임명하여 특정 파벌이 정부와 당의 전권을 장악하는 것을 방지하고자 하는 것이다. 그 대신 총재를 배출한 파벌에서는 간사장의 전횡을 감시하는 역할로 '부 간사장'을 임명하게 된다. 이런 관행은 좋게 말하면, 특정 파벌에 의한 독주 체제를 미연에 방지하고 당내 균형과 조화를 맞추기 위한 절묘한 타협안이라 하겠다.

자민당의 파벌 정치에 대해서는 '정책은 없고 권력투쟁'만이 난무하며, '금권정치 만연'의 원흉인 것처럼 평가되기도 한다. 하지만 공산주의 독재 체제 국가도 아닌 자유민주주의 국가에서 한 정당이 반세기 이상 정권의 자리를 지키고 유지할 수 있었던 것은 이념이나 정당의 좋고 싫음을 떠나 그 자체로 대단한 역사이며 성과라 하지 않을 수 없다.

이렇듯 자민당이 55년 이후 오랜 기간에 걸쳐 집권 정당으로서 자리를 지키며 유지해 올 수 있었던 요인 중의 하나에는 위와 같은 파벌 간의 '균형과 조화'를 신조로 한 '파벌 균형'의 원리에 따른 관행이 기능하고 있었음을 간과해서는 안 된다.

또한 파벌 균형과 함께 중시되어 온 관행의 하나가 중의원의 당선 횟수에 따라 인사를 실시하는 '당선 횟수 주의'이다. 예를 들면 초선 의원의 경우는 국회 대책 위원회의 평의원, 재선되면 당의 정무 조사회의 부부회장(副部会長), 국회 상임이사회의 이사, 3선이면 정무 차관(현재는 정무관)이나 국회 대책 위원회 등의 부위원장, 4선이 되면 정무조사회 부회장(部会長), 5선이면 국회 상임 위원장에 취임하고, 6선이 되면 비로소 대신 즉 장관에 임명이 되고, 7선이 되어야 당 3역에 임명되는 기준이다.

　물론 이는 어디까지나 하나의 기준에 불과하다. 경우에 따라서는 예외도 물론 있다. 앞서 살펴본 대로 거대 정당 자민당은 집권 정당으로서 공과의 평가는 차치하더라도, 위와 같은 기준과 관행에 따라 당이 운영되어 왔고 한 번도 붕당 되지 않고 60년 이상, 더구나 거의 대부분을 집권 정당으로서 생존해 왔다는 사실을 직시할 필요가 있다.

당내 주요 간부

자민당을 이끄는 주요 간부 중 당 3역 또는 당 4역이라 불리는 직책이 간사장을 필두로 한 총무회장, 정무조사회장 그리고 선거대책위원장이다. 이전에는 이런 주요 포스트에는 정치적 경험이 풍부하고 조정 역할이 가능한 선임 의원들이 파벌 간의 조정을 통하여 임명되었다.

자민당의 최고 기관은 당대회다. 그러나 당대회는 원칙적으로 일 년에 한 번밖에 개최되지 않으므로, 당 운영 및 국회 활동과 관련된 중요 사안과 긴급한 사안에 대해서는 '양원 의원총회(両院議員総会)'의 결정으로 최고 의결 기관인 당대회의 의결을 대신한다. 아울러 그 외의 사항에 대해서는 사안의 경중에 따라 당내 상설 의사 결정 기관인 '총무회'가 심의 결정하게 된다. 따라서 자민당의 의사 결정은 당대회→양원 의원총회→총무회 순으로 이루어진다.

총무회는 자민당의 운영과 국회 활동에서 빼놓을 수 없는 합의체 조직이다. 총무회의 의사 결정은 전원 일치가 원칙이므로 총무회장은 회의를 원활하게 진행하고 정리할 수 있는, 경험이 풍부한 조정형의 선임 의원이 임명되는 경우가 일반적이다. 한편 정무조사회는 국회의원과 총재가 임명하는 외부 전문가로 구성되며, 당의 정책 조사 연구와 입안을 심의 결정한다. 자민당이 채택하는 정책과 국회에 제출하는 법안은 정무조사회의 심사를 반드시 거쳐야만 하며 정무조사회 또한 전원 일치가 원칙이다.

일본 사회의 조직은 지나칠 정도로 '전원 일치'를 의식한다. 어떤 현안이나 과제에 대하여 반대되는 의견을 내놓을 때는 상당한 각오가 필요하다. 소속 집단에서 소외되거나 따돌림을 당해도 된다는 각오와 신념 없이는 좀처럼 반대 의견을 내기가 힘든 암묵적인 카르텔이 조직을 지배한다. 만장일치야말로 조직의 화합과 융성의 원천이라는 도그마가 지배하는 사회의 단면을 엿볼 수 있다. 특히 아베 일강 독주 체제가 자리 잡은 최근의 자민당 내에서 대놓고 반대 의견을 내놓기란 결코 쉽지 않다.

앞서 살펴본 대로 법안이 국회에 제출되기 위해서는 자민당 내의 정무조사회와 총무회의 전원 일치 합의체를 통과하지 않으면 안 된다. 이런 당내 조직을 통하여 정부 여당이 관료 조직을 조정할 수 있다는 긍정적 기능이 있지만, 정부와 당이라는 이원적 구조로 인한 절차의 복잡함과 '족의원(族議員)'[1] 이라는 이익 정치가 집단을 잉태하는 부정적인 기능이 동시에 존재한다.

2017년 11월 1일 성립한 제4차 아베 내각의 자민당 3역은 각 파

---

1 족의원이란 특정 분야의 정책 결정에 강한 영향력을 갖는 정치가를 말한다. 후생족, 건설족 등 부처(성청) 단위로 형성되며, 구체적으로는 각 부처의 네마와시(根回し, 사전 이해 조정) 대상이 되는 정치가를 뜻한다. 족의원은 자민당 일당 지배 체제 하에서 각료나 자민당 정무조사회의 부회(部会) 등의 간부 등을 역임함으로써 형성되며 과거에는 이해 조정 역할을 담당해왔으나, 1980년대 이후 족의원이 되는 것이 선거와 정치자금 획득에 유리해짐에 따라 관청 응원단 같은 족의원이 증가하여 그 존재가 정책의 공정한 형성의 저해 요인이 되고 있다.

벌을 배려한 인사였다. 총무회장에는 다케시타 와타루(竹下亘) 7선 의원, 정조회장에는 기시다 후미오(岸田文雄) 9선 의원, 선거대책위원장에는 시오노야 류(塩谷立) 9선 의원이 각각 유임되었다. 이는 당내 각 파벌을 고려한 인사이며, 이전 3선의 이나다 도모미(稲田朋美)를 정조회장에 임명하는 등 파격적 인사를 단행했던 아베 수상이 사학 비리 스캔들로 곤경에 처한 상황에서 당내의 불만을 가라앉히고, 각 파벌에 유화적인 스탠스를 견지하려는 속내로 보인다.

자민당의 구습과 관행의 붕괴

앞에서 살펴본 대로 자민당은 나름대로 합리적인 기준과 관행으로 당을 유지하고 운영해왔다. 1980년대 파벌 정치의 전성기를 거쳐 1990년대에 들어서자 일본의 버블 경제가 거품이 빠지면서 길고 긴 불황의 터널 속으로 진입한다. 장기간의 불황은 사회의 활기를 앗아가고 사람들로 하여금 인식의 변화를 이끈다. 버블 때 흥청망청했던 사회는 온 데 간 데 없고, 장기 불황에 시달리며 장래의 안위를 걱정해야 하는 불안이 사회를 음습하게 한다. 이런 장기간의 불황으로 인한 폐색감(閉塞感)에서 탈출하고픈 욕구가 꿈틀거릴 때 나타난 것이 고이즈미와 같은 대중 선동에 능한 정치가였다.

기존의 자민당 시스템을 근본적으로 뒤바꿔놓은 것이 다름 아닌 고이즈미 전 수상이다. 자민당 총재가 되어 수상이 된 고이즈미는 우선 파벌의 약체화를 도모한다. 종전의 파벌 균형주의에 준거하여 행해지던 인사를 무시하고, 직접 대신을 인선하는 서프라이즈 인사를 단행한다. 동시에 우정 사업과 도로 공단 민영화, 공공사업비 삭감 등 이해관계가 복잡한 정책을 저돌적으로 추진한다. 고이즈미 정권 수립 후 자민당 내의 관행으로 내려오던 '파벌 균형주의'와 '당선 횟수 주의'는 크게 후퇴한다. 그 대신 총리, 즉 총재의 인사권이 한층 강화되어 간다. 자민당 내 파벌 정치에 아노미 현상이 일어나는 것이다.

　고이즈미의 자민당 내 관행을 무시한 인사의 가장 큰 수혜자는 물론 아베 신조다. 아베는 2001년 제1차 고이즈미 내각에서 처음으로 관방 부장관으로 등용된 후, 고이즈미의 총애와 함께 2003년 9월 제2차 개각에서는 자민당의 넘버 투인 간사장에 전격 발탁된다. 이때 아베는 겨우 3선 의원이었다. 기존의 관행으로는 간사장 같은 당 3역은 앞에서 살펴본 대로 당선 7회가 일반적이었던 것을 생각하면, 고이즈미의 아베 간사장 임명이 얼마나 파격적이었는지 짐작이 가고도 남는다. 후일 아베가 자민당 총재가 되고 수상이 되었을 때는 이런 고이즈미의 인사에 대한 보은인지, 당선 3회에 불과했던 이나다 도모미를 당 3역의 정무조사회장에 전격 등용하는 인사를 감행하기도 했다.

　이처럼 자민당 내의 파벌 정치는 소선거구제로의 제도 개혁과 정치자금법을 비롯한 정치 개혁 등으로 구심력을 잃고 영향력이 쇠퇴하는 가운데, 정부와 당내 인사에도 과거처럼 관여하지 못하게 되면서 점점 와해되는 수순을 밟는다. 제도적인 개혁에 의한 영향을 받아 변화할 수밖에 없었던 '외부적 요인'과 고이즈미와 같은 파천황 총재가 정권을 잡고 장기 집권함에 따라 내부적으로도 파벌의 영향력은 상대적으로 급속도로 감소할 수밖에 없었던 것이다.

　이런 '외부적 요인'과 '내부적 요인'의 상호작용에 의해 그동안 거대 정당 자민당의 안정과 조정 역할을 해온 파벌 정치는 점점 구심력을 잃어가고, 그와 동시에 당 총재 즉 수상의 권한은 대폭 확대되어 이때쯤부터 과거의 자민당과 현재의 자민당으로 분리해서 봐야 한다. 과거의 자민당이 파벌 정치에의 의존도가 높은 안정 지향형의 자민당이었다고 한다면, 현재의 자민당은 파벌 정치가 퇴보한 상태에서 수상, 즉 당 총재의 절대적인 권한과 리더십 속에서 당 운영이 이루어지고 있다는 결정적인 차이가 있음에 주목할 필요가 있다.

즉 아베 정권의 독주가 가능한 환경이 이미 고이즈미 정권 때부터 갖추어지기 시작했으며, 과거 자민당과 수상의 관계가 '자민당의 수상'이라고 한다면, 현재의 자민당과 수상의 관계는 '수상의 자민당'이라 표현하는 것이 타당할 것이다. 그만큼 당 총재로서의 수상의 권한과 위상이 과거에 비해 크게 확대되었다. 따라서 자민당과 수상의 관계에서 이러한 변화를 인지하지 못하고 일본 정치를 들여다보면 단편적이고 피상적인 부분만을 보게 되는 오류를 범할 수 있음에 주의해야 한다.

그러나 이러한 변화에도 불구하고, 수상이 정치력과 국정 운영 능력 그리고 국민적 인기를 확보하지 못하면, 과거와 같은 파벌 정치의 논리가 다시 고개를 쳐들게 될 것이고, 따라서 상대적으로 수상의 역할과 위상은 축소될 수밖에 없다. 향후 포스트 아베 이후에도 자민당이 집권 여당의 자리를 고수한다고 가정할 때, 이런 수상과 당내 파벌 간의 역학 관계에 따른 관계 변화를 예의 주시할 필요가 있다.

제5장

아베 삼대
−인물 평전

아베 신조는 아소 다로가 그렇듯이 명문가 금수저 출신이다. 정확히 아베는 3대 세습 의원이다. 부친은 과거 자민당 간사장과 외무대신을 역임한 바 있으며, 차기 수상으로도 하마평이 무성했던 아베 신타로(安倍晋太郞)다. 아베 신타로는 태평양전쟁의 A급 전범으로 체포되어 공직 추방되었다가 1952년 샌프란시스코 강화조약 후, 공직 추방이 해제되어 후일 제56, 57대(1957년 2월~1960년 7월) 수상으로 신(新)미일 안보 조약을 체결한 기시 노부스케(岸信介)의 사위가 된다. 따라서 기시 전 수상은 아베 신조의 외조부에 해당된다.

기시 노부스케는 제61, 62, 63대 수상으로 전후 역대 수상 중 1964년부터 1972년까지 7년 8개월이라는 최장수 재임 기간을 기록하며 노벨 평화상도 수상한 바 있는 사토 에이사쿠(佐藤榮作) 전 총리와 친

(좌) 사토 에이사쿠.
(우) 1977년 9월 29일 청와대를
방문한 기시 노부스케(좌)와
박정희(중).

1957년 방미 귀국 후 하코네의 한 여관에서 가족들과 휴양을 하는 기시 노부스케 수상(당시) 부부와 사위 아베 신타로 부부. 그리고 어린 시절의 아베 형제. ⓒ아사히신문

형제다. 이처럼 아베 가문은 거물 정치가를 배출한 혈통을 이어받았다. 더구나 기시 노부스케와 사토 에이사쿠라는 전후 일본 정치사에 큰 획을 긋는 거물 정치가의 혈통을 잇는 명문가에서 태어나 성장한 아베가 수상이 되었을 때, 수상이 되기 일보 직전에 병사(病死)로 꿈을 접어야 했던 아버지의 한 맺힌 염원을 이루었으니 얼마나 감개무량했을까. 쉬이 상상이 간다.

흔히 현직 자민당 거물 정치가 중에 이런 금수저 가문 출신으로 아베 신조-기시 노부스케, 아소 다로-요시다 시게루가 인구에 회자된다. 이 둘 모두 현직 수상과 부수상의 포스트에 있으며, 둘의 할아버지가 전직 수상으로 전후 일본의 기틀을 만들고 설계했다는 공통점이 있다. 게다가 둘 다 친할아버지가 아닌 외할아버지인 점도 특이하다.

조부는 반전과 평화주의를 주장한 반골 정치가

그런데 주목할 점은 아베의 친할아버지, 즉 조부는 지금의 아베나 외조부 기시와는 상반되는 반골, 반권력적인 정치가로서 시대를 풍미한 사람이라는 점이다. 아베의 조부는 아베 간(安倍寛, 1894~1946)이다. 아베 가문의 본적지는 지금의 야마구치현(山口県) 나가토시(長門市)이며, 야마구치현 인구 최대의 도시인 시모노세키(下関)에서 북동방으로 약 50여 킬로미터 떨어져 있다. 물론 이곳은 현재 아베의 철옹성 지역구이다. 아베 가문은 이곳에서 대대로 간장 등의 양조업에 종사했으며 많은 논밭과 산림을 소유한 대지주였다.

아베 간은 일찍 부모를 여의고 친척에게 맡겨져 성장했으며 시골에서 공부하여 동경제국대학 법학부 정치학과에 진학할 정도로 수재였다고 한다. 젊어서 한때 도쿄에서 사업을 시작했으나 실패하고 낙향, 고향에서 읍장(町長)을 맡아 마을 일을 돌보며 주민들의 신망을 얻는다. 이후 사망할 때까지 야마구치현 의회 의원과 중의원을 역임하면서도 마을 일을 돌보는 특이한 이력을 갖고 있었다.

그러나 필자가 주목하는 부분은 아베의 조부 간(寛)이, 전전(戰前)의 제국주의로 치닫는 군국주의의 발호에 맞서 반전과 평화주의를 주장한 반골 정치가였다는 점이다. 간은 1928년 총선에 도전했으나 낙선하여 쓴맛을 본다. 이후 1937년 총선거에 무소속으로 입후보하여 첫 당선을 이룬다. 이때 향리의 주민들이 자발적으로 총집합하여 그의 당선을 위해 선거운동에 발 벗고 나설 정도로 주민의 신망이 두터웠던 것으로 전해진다.

일본이 제국주의 노선을 추진하는 중에도 간(寬)은 반전과 평화주의를 주창하며 시종일관 맞섰다. 1942년에는 도조 히데키(東条英機) 등의 군국주의를 강력하게 비판하며 대정익찬회(大政翼賛会)[1]의 공천을 거부하고 무소속으로 출마하여 삼엄한 감시와 탄압에도 불구하고 2기 연속 당선된다. 간은 전후 수상을 역임한 미키 다케오(三木武夫) 등과의 교류를 통해 국정 연구회를 창설하고, 도조 내각 퇴진 요구와 전쟁 반대, 전쟁 종결을 일관되게 주장한다. 그는 전후 1946년 4월 총선거를 준비하던 중 심장마비로 급사한다. 그의 나이 51세였다.

비록 중의원 재직 기간은 총 10년이 안 되지만 전전의 반골·반권력 정치가로 반전과 평화주의를 주창했던 아베의 조부가 51세의 한창 나이에 급사하지 않고, 전후 거물 정치가로서 계속 활약했더라면 현재 아베 신조의 정치 이념이나 노선에도 적지 않은 영향을 주었을 것이라 생각된다. 지금의 아베 신조는 친조부인 아베 간이 아닌, 외조부 기시 노부스케의 영향을 받고 성장한 정치가이기에 아쉬움이 남는다.

---

1 1940년 10월 고노에 후미마로(近衛文麿)를 중심으로 하는 신체제 운동 추진을 위해 설립된 조직. 당초의 의도와는 달리 정치 결사로서의 성격은 사라지고, 총재는 총리대신이 맡고 도도부현 지부장은 지사가 겸임하는 등 관료 통제하에 행정 보조기관 역할을 하게 된다. 그 후 도조 히데키 내각하에 설립된 익찬정치회와 합쳐져 오로지 정부 방침을 지지하는 기관으로 변모하여 국민 생활의 모든 면을 통제하였는데, 1945년 본토 결전을 앞두고 국민 의용대에 흡수되며 해산했다.

아버지 신타로는 친한파인가

아베 간의 아들이며 아베 신조의 아버지인 아베 신타로 역시 부모가 일찍 이혼하여 외롭게 유소년 시절을 보내며 성장한다. 아버지 간과 유사한 인생 여정을 걸어온 셈이다. 신타로는 1949년 동경대학 법학부를 졸업하고 마이니치(每日) 신문사에 입사하여 정치부 기자로 젊은 시절을 보낸다. 후일 수상이 되어 신 미일안보조약을 체결하는 '쇼와(昭和)의 요괴(昭和の妖怪)'라고 불리는 기시 노부스케의 여식과 결혼한다. 이 둘 사이에서 차남으로 태어난 사람이 아베 신조다.

신타로의 부친 간과 장인이 되는 기시와는 정치 이념도 노선도 정반대의 인물이기에 이들의 혼사가 어떤 의미를 갖는지는 추론이 불가하다. 기시와 간 두 사람은 모두 야마구치현 출신으로, 고향은 다르지만 둘 다 출신지의 신동으로 불릴 정도의 수재였다고 전해진다. 간이 기시의 동경대학 법학부 선배인데, 기시의 사위가 된 신타로는 주위에서 기시의 데릴사위라고 하는 말을 무척 싫어했다. 그럴 때마다 신타로는 "나는 기시의 데릴사위가 아니고, 아베 간의 아들이다"라고 누누이 강조했다. 아마도 정치가로서의 아버지의 기개를 존경하고 있었던 것 같다.

신타로는 1954년 마이니치 신문사를 퇴사하고 당시 외무대신이었던 기시의 비서관으로 정치에 발을 들인다. 그리고 1958년 총선거에서 야마구치 1구(중선거구제였던 당시 기준으로, 현재 소선거구제에서는 4구)로 입후보하여 34세로 처음 당선된다. 야마구치 1구는 시모노세키(下関)도 포함되는 지역구인데, 이곳은 한국과도 인연이 깊은 지역이다.

예부터 조선 통신사가 드나들었고, 현재는 부산과 시모노세키를 연결하는 부관(釜関) 페리 정기선이 출항하는 곳이다. 자연히 재일 동포들이 많이 살고 있는 지역이기도 하다. 그런 인연인지 신타로와 재일 동포 파칭코 업계와의 정치자금 스캔들도 있었다. 속사정은 어찌되었든 신타로는 재일 동포와의 친교가 두터웠으며 친한파 정치인으로도 널리 알려졌다. 신타로는 52세에 자민당 국회대책위원장, 53세에 후쿠다 내각 관방장관, 55세에 자민당 정조회장, 58세에 나카소네 내각 외무대신, 63세에 자민당 간사장을 역임하며 드디어 총리 자리가 시야에 들어왔을 때 췌장암으로 사망한다. 향년 67세였다.

아베 신조의 아버지
아베 신타로.

아베 신조는 평범하고 얌전한 학생

앞에서 살펴본 대로 아베 신조는 쟁쟁한 거물 정치가들을 배출한 집안의 혈통을 이어 1954년 9월 21일 아버지 아베 신타로와 어머니 요코(洋子, 기시 전 수상의 장녀)의 차남으로 동경에서 태어났다. 위로 두 살 위의 형과 밑으로 다섯 살 어린 남동생이 있었으나, 동생은 자식이 없던 기시의 아들에게 양자로 입양됐기 때문에 형과 둘이서 자랐다.

아베의 유소년 시절을 보여주는 에피소드로 자주 소개되는 두 일화가 있다. 하나는 외조부 기시와의 일화로 아베가 태어났을 때는 조부 아베 간은 이미 이 세상 사람이 아니었다. 아버지 신타로는 선거와 정치 활동으로 집을 비우기 일쑤였으니 자연스럽게 엄마와 지내는 시간이 많았다. 외조부 기시는 아베 형제를 자주 저택으로 불러 함께 놀아주곤 했다. 한번은 정원에서 손주들과 숨바꼭질을 하며 놀고 있는데, 담장 너머에서 미일 안보조약에 반대하는 시위대의 구호를 따라서 초등학교 입학 전의 아베가 "안보 반대, 안보 반대"를 외치며 소란을 떨었다. 아버지 신타로와 엄마가 "신조, 안보 찬성이라고 해야지"하며 야단을 치자, 그 옆에서 기시는 빙그레 웃으면서 손주들을 흐뭇하게 바라보고 있었다고 한다.

또 하나의 일화. 고등학교 수업시간에 선생이 미일 안보조약에 대해 비판하는 걸 듣고 있던 아베가 "미일 안보조약에는 경제 조항도 있습니다. 거기에는 양국 간의 경제협력이 포함되어 있습니다만, 이에 대해 어떻게 생각하십니까?"하며 반론했다. 이때 선생의 얼굴이 벌겋게 달아오르며 화제를 바꾸었다는 것이다. 물론 기시의 외손주니 할아버지가 이룩한 업적이라는 긍지가 고등학생 아베 신조를 달아오르게 했을지도 모르겠다.

그러나 아베 신조의 유소년 시절에 대한 평가는 어떤 글과 자료를 봐도 특출하지 않고 극히 평범하고 얌전했다는 평가가 지배적이다. 쟁쟁한 거물 정치가들에 둘러싸인 환경에서 태어나 자라면서 평범한 가정 출신의 사람과는 다른 면이 있을 거라는 기대와는 달리, 눈에 띄지 않는 어린 시절이었던 것 같다. 아베는 세이케이학원(成蹊学園)의 소학교, 중학교, 고등학교를 마치고 이어서 세이케이대학(成蹊大学) 법학부 정치학과를 졸업한다. 대학 졸업 후 1977년 미국으로 유학을 떠나고 2년 후인 1979년 귀국하여 철강 회사인 고베 제강소(神戸製鋼所)에 입사한다.

고베철강에서 3년간 근무한 후 당시 외무대신이었던 부친 신타로의 비서관으로 정치와 인연을 맺는다. 1987년에는 지금의 아키에(昭恵) 부인과 결혼한다. 한국에서는 아키에 부인이 한류를 좋아하는 일본인으로 소개된 적도 있다. 립 서비스 수준인지 그 진위는 필자는 아는 바가 없으나, 아키에 부인의 결혼 전 성은 마쓰자키(松崎)이다. 1962년생으로 부친은 모리나가(森永) 제

아베 수상과 아키에 부인.

과의 사장을 역임한 사람이며, 양갓집 규수들이 다닌다는 성심여자학원(聖心女子学園) 초, 중, 고등부를 마치고 성심여자전문학교 영어과를 졸업하였으며, 일본 최고의 광고 회사 덴쓰(電通)에 입사한다. 최종 학력으로 릿쿄(立教)대학에서 석사과정을 마쳤다.

덴쓰에 근무할 때 상사의 소개로 아베 신조와 만나 결혼했다. 아베와의 사이에 자녀는 없다. 아키에 부인은 아베가 자민당 내 요직을 맡게 되면서 도쿄에 머무르는 시간이 많아져 지역구를 다지는 활동에 상대적으로 소원해질 수밖에 없게 되자, 남편을 대신해 지역구에 내려가 생활하며 남편의 역할을 대신해왔다. 한때는 시모노세키의 라디오 방송 진행도 담당하며 지명도 유지에 크게 기여해온 것으로도 알려져 있다.

활달한 성격으로 알려진 아키에 부인은 도쿄 한복판에서 선술집을 운영하기도 했다. 가정 안에서 야당을 자처하며 아베 정권이 추진하는 원전 정책에 반대를 표명하는 등 심심찮게 뉴스거리를 제공해 주는 사람이었다. 그랬던 그녀가 모리토모학원(森友学園) 문제로 가십거리에 불과했던 지금까지의 뉴스와는 차원이 다른 메가톤급 뉴스를 터트려 아베로 하여금 최대의 정치적 위기를 맞게 했다. 그녀의 말대로 가정 내의 야당 역할에 머무르지 않고, 국가 차원의 야당 역할을 해낸 셈이다.

아베는 1991년 아버지 신타로의 사망으로 1993년 총선거에 도전하여 첫 당선을 이룬다. 이때는 자민당이 총선에서 패배하여 창당 이후 38년 만에 정권 교체가 이루어진 선거이기도 하다. 즉 아베는 정치 입문을 야당에서 시작한 것이다.

수상이 되기까지 아베 신조의 행보는 전후 최장수 총리 기록 경신을 눈앞에 두고 있는 주인공으로서의 특출한 면모는 찾아보기 힘들다. 남들과는 다른 쟁쟁한 거물 정치가들에 둘러싸인 환경에서 태어나 자랐지만, 유소년기를 극히 평범하고 예의바르며 얌전한 학생으로 지내왔다. 다른 금수저 세습 의원들이 그래왔듯, 대학 졸업 후 일단 사회생활을 경험하고 유력 정치가인 아버지의 비서관으로 정계와 인연을 맺었다. 그리고 부친의 지역구과 후원회를 물려받아 국회의원으로 당선되는 수순을 밟았던 것이다.

최근 일본 사회가 우경화되고 있으며 과거 군국주의 시대로 회귀하는 게 아닌가하는 의구심마저 갖게 하는 아베 신조의 행보와 변모는 지금까지의 성장 과정을 보아서는 언뜻 이해하기 힘들다. 그러나 결과적으로 어려서부터 외조부인 기시 노부스케의 영향을 받아 정치적 사고나 인식의 틀이 형성된 것이 아닐까 추측된다. 아베는 대학 때 언제나 "기시 노부스케의 손주"라고 자기소개를 하곤 했다. 아베 신타로의 아들이라고 하지 않고, 기시의 손주라고 했다는 일화를 보면 아버지보다도 외조부인 기시를 더 존경하고 따랐던 것 같다. 아울러 정치 초년병 시절부터 외조부의 숙원 사항이던 헌법 개정을 공공연히 주창한 모습을 보면 기시의 데자뷰를 보는 것 같다.

또한 아베의 조부인 간, 그리고 아버지 신타로와 존경해 마지않는 외조부 기시 노부스케와 그의 동생인 사토 에이사쿠는 전후 일본 정치사에 큰 족적을 남긴 거물 정치가들이기도 하지만, 모두 당대 최고의 학부라는 동경(제국)대학 법학부 출신이다. 물론 출신 대학으로 그 사람의 능력이나 인성을 평가하는 학력최고주의에 대해서는 필자도 동의하지 않는다. 아베의 경우는 주변 인물들이 너무 걸출하니, 콤플렉스와 함께 이를 극복하고자 하는 일종의 경쟁심과도 같은 열정을 남몰래 키워왔는지도 모르겠다.

아베가 2007년 임기 1년을 못 채우고 수상에서 물러났지만, 2012년 당시 집권당인 민주당에 대승을 거두면서 화려하게 정계에 복귀한 것도 어쩌면 전후 A급 전범으로 체포되어 공직 추방되었다가, 후일 당당히 재기하여 수상이 된 외조부 기시의 영향이 알게 모르게 작용했을 것으로 추측된다. 아베가 존경하는 정치가로서의 외조부의 영광과 오욕의 시간을 가까이서 지켜보며 권력의 위용과 무상을 일찍부터 깨닫고 있었는지도 모를 일이다.

아베는 현행 헌법 수립 후 수상의 재임 기간이 사토 에이사쿠(2,798일), 요시다 시게루(2,616일)에 이어 2017년 12월 26일 현재 2,193일로 버젓이 3위에 랭크되어 있으며, 전전의 수상을 다 포함하여도 역대 5위에 자리하고 있다. 작년의 자민당 총재 임기 연장 개정안의 통과로 인해 역대 수상 최장기 집권이라는 새로운 야망의 시나리오를 한 걸음씩 착착 진행 중에 있다.

아베가 9월 자민당 총재 선거에서 3선에 성공한다면, 오는 2019년 8월에는 사토 에이사쿠의 최장 기록을 경신하고 전후 일본 수상 가운데 최장수 재임 기간의 신기록을 달성하게 된다. 또한 11월에는 역대 1위인 가츠라 타로(桂太郎, 2,886일)을 넘어 전전, 전후를 포함한 일본 헌정 사상 최장기 집권 수상으로서 신기록을 세우게 된다.

이는 1885년 이토 히로부미(伊藤博文)를 초대 총리로 맞은 후 현재의 아베 총리까지 98대에 이르는 역대 총리 중에서 최장기 집권이 되는 것이다. 다시 말하면 메이지(明治), 다이쇼(大正), 쇼와(昭和), 헤이세이(平成)로 이어지는 150년에 이르는 일본의 근·현대사에 크나큰 족적을 남기는 것이다. 과연 아베 총리가 그에 걸맞은 인물인지에 대한 평가는 유보하더라도, 아베 본인으로서는 큰 욕심이 나는 목표가 드디어 가시권에 들어왔다.

다시 복습해보자. 일본의 최장 집권 정당은 자민당이고 그 자민당의 총재로 현재의 내각 총리대신이 아베 신조다. 아베는 전형적인 금수저 출신으로 일본 보수의 아이콘이다. 외조부 기시 노부스케가 미일 안보조약의 개정을 담은 신 안보조약 체결을 추진하여 당시 일본의 공산당, 사회당을 비롯한 국회와 노동자, 학생, 시민 등이 열화와 같이 들고 일어난 1960년 안보 투쟁으로 불명예 퇴진을 당했다.

이때의 정국을 야당은 안보 '투쟁'으로, 정권은 안보 '소동'으로 규정한다. 같은 사안을 두고도 보수와 진보의 관점이 확연히 다름을 알 수 있다. 아베는 외조부가 못 이룬 꿈을 실현하고자 하는 강박관념에 사로잡힌 것인지, 일련의 언설에 거침이 없다.

제1차 아베 내각 성립 시의 슬로건인 '전후 체제로부터의 탈각(戰後レジームからの脱却)'이 국민적 호응을 이끌어내지 못하고, 또한 임기 1년도 못 채우고 단명했으나, 제2차 아베 내각으로 재기할 때의 슬로건은 '아름다운 일본을 되찾다(美しい日本を取り戻す)'와 '적극적 평화주의'로 바뀌어 더 적극성을 띤다.

이런 슬로건의 사전적 의미는 특정한 주장을 널리 각인시키고 대중의 마음을 파고들기 위해 그 의도를 간결하게 나타낸다. 하지만 정권이나 유력 정치가가 내세우는 슬로건에는 사전적 의미를 뛰어넘어 자신들이 꿈꾸는 이상적인 세계를 담고 있다. 아베가 꿈꾸는 세계가 어떤 세계인지는 이런 슬로건을 토대로 그간의 정치적 행보를 되짚어 보면서 추론할 수 있으나 그 작업은 최종 단계로 미루고자 한다.

아베는 2012년 정권 탈환을 꿈꾸며 자민당 총재로 임한 선거에서 민주당에 대승, 정권을 되찾아온다. 제2차 아베 내각의 출범이자 아베 신조라는 정치인의 재탄생은 이렇게 극적인 기사회생을 통해 진행되어 간다.

제6장

삼류 정치와
포스트 아베

일본 정치는 삼류인가

흔히 말한다, 일본이 '경제는 일류지만 정치는 삼류'라고. 일본 내에서도 종종 그렇게 얘기되는 것을 보면 일본 정치에 대한 세간의 인식은 대략 비슷하다. 일본의 정치가 왜 삼류라고 저평가되고 있는가, 이는 과거 일본 정치의 대명사처럼 알려진 1955년 자민당 창당 이래 이어져온 일당 지배와 만년 야당 사회당의 무력함으로 고착화된 55년 체제[1]의 부정적인 측면과 파벌 정치, 금권 정치, 세습 정치로 대변되던 정치에 대한 부정적 인식과 무관하지 않아 보인다.

정치에 대한 평가는 박한 반면에 상대적으로 관료는 우수하다는 또 하나의 신화가 동시에 존재해왔다. 패전국 일본이 초토화된 국토와 산업 기반 속에서 단기간에 경제 대국으로 부흥하여 국제사회에 선진국으로 당당히 복귀할 수 있었던 배경에는, 우수한 관료 집단에 의한 국가 운영이 큰 역할을 했다는 평가가 이를 뒷받침한다. 그러나 이러한 평가는 전쟁 후 폐허 속에서 일본을 일구어내고 이끌어온 정치의

---

1 55년 체제란, 1955년 보수 합동과 사회당(좌우 세력)의 통합에 의해 탄생한 일본 정치 세력의 기본 구조를 말한다. 일반적으로 자민당과 사회당의 대립을 출발점으로 삼아 보수 대 혁신, 자본 대 노동, 친미 대 반미, 개헌 대 호헌 등을 축으로 한 정치 세력의 구도를 가리킨다.

역할을 과소평가하는 우를 범하고 있다.

흔히 정치는 권력 투쟁을 위한 정쟁을 일삼을 뿐, 권력을 둘러싼 부패의 온상과도 같은 이미지로 인식되는 경향이 있다. 그러나 정치를 '권력 획득과 그 유지와 관련된 현상'이라고 정치학적으로 정의할 때, 우리는 정치를 두 가지 측면에서 살펴보아야 한다. 하나는 '권력투쟁'의 측면이고, 하나는 권력 행사에 의한 '공공성의 실현'이다.

정치는 권력투쟁만을 일삼고 있는 것이 아니라, 그 과정을 통해 획득한 권력을 이용하여 공공적 질서와 번영을 가져오는 다양한 정책을 실시한다. 따라서 권력투쟁의 측면만을 부각시키고 비난하는 것은 정치의 본질을 제대로 보지 못하고 반쪽 면만 보는 어리석음에 지나지 않는다.

주로 정치는 권력투쟁의 측면이 부각되고 중시되기 일쑤이며 그게 또한 사바세계의 관심과 흥미를 유발하는 것도 사실이다. 하지만 또 다른 측면인 공공성의 실현이라는 관점에서 본다면, 누가 권력을 잡는 것보다 그 권력에 의해 어떤 정책이 설계되고 운용되고 있는지, 그를 위해 어떤 제도와 법제 정비가 이루어지고 있으며, 그로 인해 우리 삶에 어떤 영향을 미치고 있는지에 주목하는 것이 중요하다. 따라서 이런 정책 문제에 관심을 가지고 지켜봐야만 한다.

위와 같은 관점에서 전후 일본 정치를 들여다 볼 때, 흔히 얘기하는 '경제는 일류지만, 정치는 삼류'라는 말은 다분히 '권력투쟁'의 측면만을 중시한 관점에서 볼 수 있는 현상이라 생각한다. 앞에서 살펴본 '공공성의 실현'이라는 측면에서라면, 전후의 폐허 속에서 단기간에 일본을 부흥시키고 선진국 대열에 진입하게 한 것이 우수한 관료와 근면 성실한 국민이 노력한 결과라고만 한다면 절반만 맞는 말이라고 하지 않을 수 없다.

　나머지 절반은 좋든 싫든 소위 '삼류' 정치에 의해 전후 일본의 큰 그림이 각종 정책을 통하여 그려지고 달성되었기에 오늘의 일본이 있는 것이다. 이런 관점에서 아베 정권의 우경화가 사실인지 아닌지를 판단하려면, 아베 정권이 그리고 있는 커다란 밑그림을 살펴보아야 한다. 그런 그림들은 제도 설계나 법률의 제·개정을 통하여 드러나므로, 사학 스캔들로 인한 아베의 진퇴 문제보다 아베 정권 이후 바뀌고 있는 그림들을 세세히 살펴보는 것이 더 중요하다.

　필자의 의견으로는, 전후 일본의 복구와 경제의 고도성장을 이끄는 과정에서 자민당의 일당 지배 구도가 유능한 관료 조직을 동원하고 국가정책의 방향과 기틀을 잡아 왔다는 정치적 역할은 결코 무시할 수 없다. 이는 자민당 일당 지배가 초래한 정치의 퇴보와는 다른 긍정적 평가지만, 자민당의 지지 여부를 떠나 '정치와 행정', 즉 '정관(政官) 관계'를 실체적인 접근으로 투시해야 함을 뜻한다.

　전쟁에서 패해 초토화된 일본이 그토록 단시간에 고도성장을 할 수 있었던 또 다른 요인으로써 한국전쟁 특수(特需)에 따른 경제 효과를 지나칠 수 없다. 1990년 일본 유학을 왔을 당시는 버블 경제의 끝물이었다. 한국과는 다른 선진국으로서의 위용과 오만이 있었기에 필자 같은 외국인은 주눅이 들 수밖에 없었다. 일본 기업들이 미국 맨해튼의 부동산을 마구 사들이며 엔화의 위력을 세계 만방에 한껏 떨칠 때였지만, 필자는 여전히 일본인과 일본 사회가 갖는 한국에 대한 인식이 영 못마땅했다.

도쿄에서 방을 구하려 일주일 내내 발품을 팔며 부동산을 전전했던 기억이 새롭다. 한국인이라 방을 빌려줄 수 없다며 거부를 당할 때마다 심한 자괴감과 모멸감을 느껴야만 했다. 그때까지만 해도 한국을 일본의 변방국으로 취급하며 단지 기술 하청국으로 여전히 남존여비 사상에 젖은 후진적 유교 국가로 인식하고 있었다. 필자가 아르바이트하며 알게 된 보통의 일본 중·장년층과의 대화에서 그런 인상을 줄곧 받아왔다.

그럴 때마다 한국전쟁 특수가 경제 부흥의 발판이 된 것 아니냐며 반문했다. 그게 계기가 돼 고도성장의 큰 요인이 됐다고 빈말이라도 들었다면 다행이지만, 대개 그렇지 못했다. 보통은 단지 일본인의 근면성과 일본 기업이 생산한 제품의 우수성만을 내세우는 답변이 돌아오곤 했다.

필자의 유학 초기에 겪은 이런 아픈 기억들이 트라우마가 된 탓일까… 지금도 한반도에 대한 긴장과 대립을 반기며 부추기는 듯한 우익들의 발언을 접하면 영 개운치 않다. 사람들이 또 한반도에서 전쟁이라도 일어나길 내심 바라고 있는 것은 아닌지, 의구심이 들 때가 있다.

다시 본론으로 돌아와, 앞서 살펴본 바와 같이 일본의 정치에서는 우선 자민당에 의한 일당 지배가 이어지고 있다는 점이 가장 큰 특징이며, 이는 일본 정치를 관통하는 키워드가 된다. 자민당은 전후 부흥기인 1955년 보수 연합에 의해 결성된 정당이다. 이 자민당이 1955년 이래 집권 정당의 자리를 내준 시기가 불과 4년 정도이니, 지금까지 60년 가까이 집권당으로 군림해온 셈이다. 그러니 일본의 정

치를 알려면 우선 자민당과 일본 관료 조직에 대한 통찰이 필요한 이
유다.

포스트 아베
−아베의 라이벌들

지금까지 자민당을 중심으로 일본 정치의 현황을 점검해보았다. 이제부턴 실질적으로 일본을 이끌고 있는 아베와 그 주변 인물에 대해 살펴보도록 한다. 설사 아베가 집권 중에 개헌을 실현하지 못하더라도, 포스트 아베가 그 뒤를 이어 개헌을 성사시킬 가능성이 클 뿐 아니라, 일본 열도를 발칵 뒤집는 천재지변이나 국가적 돌발 사태가 발생하지 않는 한, 자민당에 의한 일당 지배는 앞으로도 당분간 지속될 것이라 예상하기 때문이다.

또한 만에 하나 사학 스캔들로 인하여 아베 정권이 종료된다 하더라도, 이는 '정권 교체'가 아닌 '총재(총리) 교체'에 불과하다는 사실이다. 즉 지금 야당의 당력으로는 자민당을 정권에서 끌어내릴 힘도, 가능성도 없어 보인다. 따라서 아베가 물러나 수상이 바뀌더라도 결국 자민당 내의 총재가 바뀌는 것에 불과한 것이고, 기존의 아베 자민당이 우경화의 노선으로 방향을 틀었다면, 그 기조는 추동력의 강약은 있을지언정, 바뀌지 않을 것이라는 사실에 주목할 필요가 있다.

아베는 고이즈미가 키웠다고 해도 과언이 아니다. 앞에서도 살펴본 대로 고이즈미 집권 5년여의 기간과 자민당의 파벌 정치 붕괴와 수상 권한을 최대한 이용한 정당 장악 프로세스를 거치면서 수상의 권한과 위상은 대폭 강화되었다. 아베는 능력이 있고 없고를 떠나 고이즈미가 깔아 놓은 레일을 고속 질주할 수 있는 환경이 갖추어졌다는 점과 고이즈미가 아베를 후계자로 일찌감치 낙점하고 키웠음은 부인할 수 없다.

고이즈미와 아베의 인연은 아베의 부친인 아베 신타로와 고이즈미의 개인적인 인연에서 비롯됐다는 말도 있으나, 실제로는 고이즈미의 특이한 캐릭터 때문에 일어난 결과로 보는 것이 타당할 터다. 앞서 살펴본 대로 고이즈미는 자민당 비주류 출신으로 독불장군 스타일이다. 기존의 관행이나 기득권 시스템을 무너뜨리면서 쾌감을 느끼는 정치적 사디스트와 같은 존재다.

통상 권력자는 후계자를 키우기보다는 오히려 경계하는 경우가 허다하다. 후계자가 어느 정도 영향력이 커지고 추종하는 세력들이 모이기 시작하면 노골적으로 이지메를 하거나, 권력의 중심에서 제외해 힘을 빼게 한 다음 제동을 거는 게 일반적이다.

아베가 당내 라이벌인 이시바 시게루를 제3차 아베 내각(2014년 12월~2015년 10월)에서 특명 담당대신(국가전략 특별구역담당)으로 비교적 한직으로 내몰더니, 결국에는 개각 명단에서 아예 이름을 뺀다. 그런데 아베는 이시바와 같은 라이벌을 권력의 외곽으로 내몰기도 하지만, 한편으론 간사장 같은 중요 포스트를 맡기는 용단을 내리기도 한다. 이 또한 라이벌을 자신의 주변에 주저앉혀 놓음으로써 '견제와 포섭'의 효과를 볼 수 있기 때문이다. 이처럼 아베는 장기 집권하면서 스스로 '제왕학'을 터득하고 응용하며 정권의 생명을 연장해왔다.

고이즈미는 수상 재임 중 포스트 고이즈미로 아베를 낙점하고 전폭적인 지원을 아끼지 않는다. 처음에는 자민당 당무를 총괄하는 간사장으로 발탁한 것을 비롯하여, 후에는 내각의 이인자인 관방장관으로까지 전격 기용하면서 아베에게 힘을 실어준다. 이때 아베와 각축을 벌이던 포스트 고이즈미로 회자되던 인물 중에는 아소 다로, 다니가키 사다카즈(谷垣禎一), 이시바 시게루(石破茂), 이시하라 노부테루(石原伸晃) 등을 꼽을 수 있다.

아소는 전에 살펴본 대로 아베 실각 후, 후쿠다에 이어 수상에 올라 각종 구설수에 휘말린 끝에 자민당을 말아먹고 민주당에 정권을 넘기는 최악의 수상이 되었다. 그러나 어찌되었건 수상까지 역임했으며, 현재 아베 내각에서도 부총리 겸 재무대신이란 중책을 맡으며 이인자의 자리를 지키고 있으니 어찌 보면 성공한 정치인이다.

다니가키 사다카즈(谷垣禎一)

다니가키, 이시바, 기시다 이 세 사람은 아베에게 밀려 유력한 차기 총리로 하마평만 무성할 뿐 아직 꿈을 이루지 못하고 있는 불행한 정치가라 할 수 있다. 하지만 포스트 아베는 이들이 가장 유력한 주자인 것 또한 부정할 수 없다.

다니가키는 고이즈미 내각 때부터 재무대신, 국토교통 대신, 법무대신 등 요직을 거치면서 2009년에는 드디어 자민당 총재로 선출된다. 통상 자민당이 집권당이므로 총재가 된다는 것은 수상이 된다는 것을 의미하지만, 이때는 불행하게도 민주당에게 정권을 넘겨주고 졸지에 야당으로 전락한 시기였기에, 총리에 오르지 못하는 불운을 감수해야 했다. 참고로 역대 자민당 총재를 역임하면서 수상이 되지 못한 정치가는 고노 담화(河野談話, 1993년 8월 고노 요헤이 당시 관방장관이 일본군 위안부에 대해 사과한 담화)로 잘 알려진 고노 요헤이(河野洋平)와 하시모토 류타로(橋本龍太郞)뿐이다.

그러나 고노는 후일 중의원 의장, 즉 국회의장을 역임하고 하시모토는 무라야마(村山富一) 정권 붕괴 후 수상에 오르므로, 결과적으로 자민당 총재를 역임하면서 3부(입법부, 사법부, 행정부)의 장에 오르지 못한 사람은 다니가키 한 사람뿐이다. 다니가키는 동경대 법학부를 나

다니가키 사다카즈.

온 변호사 출신이지만, 정치가라기보다는 유능한 관료형 인물로 보인다. 주어진 역할은 묵묵히 잘 수행해내지만 자신이 리더가 되어 세를 규합하고 조직을 이끌어가는 일에는 재주가 없어 보인다.

다니가키는 그저 '좋은 사람' 또는 '무난한 사람' 정도의 이미지가 오히려 결함이라 하겠다. 자고로 수상을 꿈꾸는 정치가에게는 권모술수에도 능하고 거짓말도 태연하게 늘어놓는 철면피 기질이 필요할 터인데, 그런 점이 부족하다. 아울러 보수 정당인 자민당에서 비교적 리버럴한 노선을 걷는 다니가키는 자민당이 점점 보수 우익적인 이데올로기에 경도되는 경향이 있음을 감안하면 적극적인 지지를 모으기 어려운 점도 있다. 또한 다니가키는 1945년생으로 이미 일흔을 넘어섰기에, 포스트 아베로 회자되더라도 가능성은 희박하다.

게다가 다니가키는 2016년 7월, 취미인 사이클을 즐기던 중 크게 다쳐 하반신 재활 치료를 하고 있다고 알려졌다. 최근에는 은퇴까지 선언한 것으로 알려지고 있다. 자민당 총재까지 역임하면서 말년에 사고로 본의 아닌 정계 은퇴를 하게 된 불행한 정치가로 기록될 것 같다.

이시하라 노부테루(石原伸晃)

1957년생인 이시하라 노부테루는 우익의 태두라 할 수 있는 이시하라 신타로의 장남으로 일찌감치 정치에 입문하여 이미 10선을 기록하고 있다. 자민당 내에서는 10선의 원로급인 만큼 정조회장, 간사장 등의 요직을 거쳐 규제개혁 담당 대신, 국토교통 대신, 환경대신, 내각부 특명 담당대신 등 각료직을 두루 경험했다.

2008년 자민당 총재 선거에 나섰으나 국회의원과 지방의원 표를 합쳐 37표밖에 얻지 못한 채, 351표를 얻은 아소 다로에 참패한다. 이시하라는 아버지 신타로가 거물이다 보니 상대적으로 평가를 받지 못하는 면도 있으나, 전형적인 양갓집 도련님(ボンボン、お坊ちゃま)의 이미지가 강하다. 실제로 당내에서도 '뚝심'이 부족한 정치인으로 회자되고 있다.

2017년 7월에 실시된 도쿄 도의회 선거에서는 당시 자민당 동경도 지부연합회 회장(통상 도렌(都連)이라함)을 맡아 선거를 지휘했으나, 고이케 도지사에 대패하여 사임하기에 이르렀다. 또한 2년 전인 2016년 도지사 선거에서 고이케에 패했을 때도, 책임을 둘러싸고 "패배의 책임은 다니가키 간사장에 있다. 도렌회장에게는 공천권이 없다"며 변명으로 일관해 비난을 받기도 했다.

이시하라 노부테루.

이시하라는 아버지 신타로와 유명 영화배우로 고인이 된 숙부 이시하라 유지로(石原裕次郎)의 명망 덕에 지명도는 높으나, 당내에서도 따르는 자가 없을 정도로 신임을 얻지 못한다. 이시하라는 10선 의원이라는 관록으로 자민당 내 최고참의 반열이나 수상으로까지 등극을 하게 될 가능성은 별로 없어 보인다.

이시바 시게루(石破茂)

그럼 포스트 아베의 유력한 주자는 누구일까?

현 시점에선 1957년생으로 아베보다 젊은 이시바 시게루를 들 수 있다. 돗토리현(鳥取県) 출신으로 일본의 47개 도도부현 중에서도 인구수가 채 60만이 안 되는 제일 작은 지역을 기반으로 한다. 이 사람 역시 전형적인 2세 의원이다.

부친이 돗토리현 지사와 자치대신(현재의 총무성)을 역임한 정치가 이시바 지로(石破二朗)다. 1981년 부친의 급사로 인해 당시 자민당 최대 파벌의 보스 다나카 전 수상으로부터 출마를 권유 받아 입후보했다. 중선거구제도 하의 4명 정원에서 최하위 4위로 당선되었으니 운도 따랐다. 이때 나이가 약관 28세로 당시 최연소 국회의원이라는 기록까지 세웠다.

앞의 다니가키도 부친의 지역구를 물려받아 정치가로 입문한 2세인데, 이에 더해 이시바, 아베, 이시하라, 고이즈미, 기시다 모두 세습 정치가들이다. 세습 의원이 많은 것 또한 일본 정치의 특징의 하나이며, 특히 자민당 의원 중에 세습 의원의 비율은 타 정당을 압도한다.

이시바는 라이벌인 이시하라, 다니가키, 고이즈미, 기시다 등에 비하면 일단 비주얼이 좀 떨어진다. 물론 정치를 외모로 하느냐 할지

(좌) 포스트 아베의 유력한
후보자인 이시바 시게루. 아베가
사학 스캔들로 인한 정치적 위기를
맞고 있는 현시점에서 포스트
아베로 회자되고 있지만 자민당
내의 지지 세력 확보가 최대
관건이 될 것으로 보인다.
(우) 이시바 시게루의 아버지
이시바 지로.

모르나 이것도 무시할 수 없는 중요한 요소다. 정치가는 이미지로 승부하는 직종이라 할 수 있다. 그 이미지에는 자신의 지지자들에게 감동을 주며 기대에 부풀게 하는 등 미래의 희망을 파는 이미지도 있겠다. 하지만 당장 눈에 보이는 시각적인 이미지야말로 유권자들의 지지 표심을 좌우하는 요소임을 간과해서는 안 된다.

특히 평소 정치에 무관심하거나 정치를 잘 모르는 계층에 어필하는 외양은 당장 표로 연결된다는 면에서 적지 않은 비중을 차지한다. 정치인은 타고난 비주얼과 함께 화술도 중요하다. 이시바는 이 두 가지에서 다른 라이벌들에 비해 매력이 떨어지는 한계를 안고 있다는 것이 필자의 생각이다.

이시바의 이미지는 '매파'이다. 이는 방위청 장관과 후일의 방위대신(방위청이 방위성으로 승격)을 역임하면서 자위대 해외파병, 집단적 자위권 해석 등을 둘러싼 논쟁에서 정부의 입장을 대변하면서 강경파의 이미지로 굳어진 측면이 있다. 그러나 실제로는 농수산업과 방위정책에 식견이 풍부한 정책통으로, 군사 오타쿠로도 유명하다.

이시바는 게이오(慶応義塾)대학 법학부를 졸업했는데, 대학 재학 시절에는 전국 대학생 법률 토론회에서 그랑프리를 차지한 경력이 말해주듯 논리적인 언설이 장점이다. 그러나 타고난 장점은 이를 어찌 활용하느냐에 따라 호감도가 배가 될 수도 있고, 역으로 마이너스 이미지를 심어줄 수도 있다.

이시바는 마치 시골 머슴 같은 투박한 외모지만 말은 조리 있게 논리적으로 잘한다. 이게 바로 미스매치다. 과거 노무현 대통령도 논리적이지만 상대가 알아듣기 쉬운 언설로 듣는 사람으로 하여금 말하는 사람으로 끌어들이는 매력을 갖고 있었다. 그러나 이시바는 오히려 상대를 밀쳐내는 듯한 화법이다.

즉 상대를 가르치고 깨우치게 하려는 경향이 있어 계몽적인 화술을 즐겨 사용한다. 이것이 결정적으로 언밸런스를 자아내는 이유다. '마치 촌놈이 누굴 가르치려고 해' 하는 식으로 받아들여지는 감이 적지 않다고 본다.

그러나 정작 이시바가 자민당 내에서 세를 규합하여 정권을 잡지 못하는 결정적인 이유는 따로 있다. 이시바는 1993년 호소카와 연립내각의 출현으로 자민당이 야당으로 전락했을 때, 당내 분규를 틈타 자민당을 탈당한 전과가 있다. 탈당 후 당시 오자와 이치로(小沢一郎)가 이끄는 신진당과 연계하기도 한다. 그 후 무소속으로 입후보해 당선되어 독자 노선을 걷다가 모리 요시로(森喜朗) 내각 때 다시 자민당으로 복귀한다.

한 번 자민당을 배신한 전과가 두고두고 자민당 총재 선거와 같은 결정적 순간에 세력을 확장하고 규합하는 것을 어렵게 만들고 있다. 흔히 중국인은 믿음이 생길 때까지 믿지 않는다고 하고, 일본인은 사실이 아님이 증명될 때까지 믿는다고 한다. 이는 다시 말하면 처음에는 무한한 신뢰를 보내다가도 한 번 배신을 하거나 거짓이 드러나게 되면 이전의 신뢰 관계를 회복하기가 어지간해선 불가능에 가깝다는 얘기다.

이시바는 자민당이 곤경에 처했을 때 당을 박차고 나갔던 전력이 두고두고 자신을 옥죄고 있는 것이다. 이시바가 수상에 가장 근접했던 2012년 9월의 자민당 총재 선출 과정을 보면 이를 이해할 수 있다.

이때 총재 선거에는 외조부 기시 노부스케처럼 다시 한번 수상을 노리는 야심찬 아베를 비롯해 이시바, 이시하라 등이 입후보했다. 제1차 투표(국회의원과 지방 조직표)에서 아베는 의원표 54, 지방표 87로 합계 141표를 얻었고, 이시바는 의원표 34, 지방표 165를 합쳐 199표로 1위를 차지했으나, 누구도 과반을 넘지 못해 1, 2위 간 결선투표를 하게 되었다. 그러나 결선투표는 국회의원만의 투표로 진행되는데 아베가 108표, 이시바가 89표로 아베가 대역전함으로써 자민당 총재에 복귀하게 된 것이다.

이시바에 대한 자민당 내 국회의원의 신뢰가 아베에 미치지 못했음이 단적으로 드러난 총재 선거였다. 그러나 포스트 아베에 가장 근접해 있는 인물임에는 틀림없다. 더구나 아베가 사학 스캔들로 정치적 위기에 직면한 채 맞는 올 9월 자민당 총재 선거는 이시바에겐 정권을 잡을 절호의 기회라 하겠다. 자민당 내 지지 세력 확보와 전국적 지명도와 인기 유지를 위한 본격적 활동과 세력 규합이 승부를 가를 것이다. 지금 상황에서 포스트 아베로 회자되는 인물 가운데 정권에 가장 근접해 있는 사람이 이시바 시게루라는 점에는 이견이 있을 수 없다.

고이즈미 신지로(小泉進次郎)

앞에서 소개한 대로 고이즈미 전 수상이 정계 은퇴를 선언하며 지역구와 후원회 등을 차남에게 고스란히 물려주고, 그를 이어받아 압도적 승리로 정치에 발을 들여놓은 인물이 고이즈미 신지로다. 필자의 의견으로는 만일 포스트 아베로 가장 유력한 자민당 정치가를 꼽으라면 주저 없이 고이즈미 신지로를 택할 것이다.

다만 일국의 총리가 되기에는 아직 나이와 경험이 부족하기에 좀 더 시간이 필요할 뿐이다. 신지로는 1981년생으로 올해 37세다. 그는 4선 의원이 되었지만 요직을 거치면서 당무 경험을 쌓을 기회를 아직 갖지 못했다. 또한 정부에서는 정무관으로 일하고 있으나 국정 운영 경험이 일천한 점 등을 고려할 때, 압도적인 지지층을 확보하고 있다고 해도 시간과 경험이 더 필요한 것만큼은 분명하다.

스마트한 외모와 언설로 과거 아버지를 능가하는 국민적 인기를 모으고 있는 고이즈미 신지로. 포스트 아베로서도 인기 최고이지만 아직 정치가로서의 경험이 부족하다고 생각된다.

그러나 자민당이 포스트 아베 이후에도 집권 여당으로서의 지위를 유지한다면, 멀지 않은 장래에 고이즈미 부자(父子) 수상이 탄생할 가능성은 거의 100%라 하겠다. 고이즈미가 아버지의 정계 은퇴와 함께 지역구를 물려받아 첫 당선된 것이

2009년이다. 이때는 고이즈미의 세습에 대한 비판 여론도 만만치 않았으나 득표율 57.1%로 당선된다.

그 이후 치러진 세 번의 선거에서 고이즈미는 거의 80%의 압도적 득표율로 당선을 거듭하며 철옹성을 쌓았다. 이는 물론 본인의 능력과 정치가로서의 장래성이 평가받는 것으로 여길 수 있다. 아버지에게 물려받은 지역구는 사실 고이즈미 가문의 4대에 걸친 세습 지역구이다. 4대에 걸쳐 갈고닦아온 지역구에서 야당 후보자가 승리를 거둔다는 건 아마 하늘의 별 따기보다도 어려울 것이다.

고이즈미 신지로는 젊고 스마트한 이미지로 많은 지지층을 확보하고 있다. 정치가의 비주얼이 얼마나 중요한가는 고이즈미를 보면 확신하게 된다. 또한 경력이 쌓여갈수록 아버지를 꼭 빼닮은 화술이 유권자의 마음을 움직인다. 중언부언 애매모호한 정치가의 언설이 아닌 간단명료한 메시지를 담아내는 화술은 아마 점점 세련되어져 아버지를 능가할 것이다. 그리고 젊은 의원답게 당내에서는 야당과도 같은 비판적 목소리를 거침없이 낸다. 국회와 당내에서의 의결 과정에서도 자신의 소신에 따라 발언하고 투표하는 행동이 뚝심과 소신을 갖춘 젊고 장래성 있는 정치인이라는 이미지를 만들어가고 있는 것으로 보인다.

더구나 시청률 지상주의를 추구하는 일본의 텔레비전 방송이 고이즈미의 일거수일투족을 안방에 전달하면서 지명도를 높이는 데 일조하고 있다. 마치 국민적 아이돌과도 같은 인기를 구가하는 것이다. 국민적 인지도와 인기면에서 고이즈미를 능가할 자민당 의원은 존재하지 않는다. 분명 멀지 않은 시기에 고이즈미 주니어가 선장으로서 일본호를 조타하는 날이 올 것이다.

기시다 후미오(岸田文雄)

아베 총리가 사학 스캔들로 곤경에 빠지고 혼미한 정국의 탈출구가 보이지 않는 형국이 되자, 언론을 통해 포스트 아베로 언급되는 인물이 앞서 소개한 이시바 시게루와 기시다 후미오 두 사람이다. 앞에서도 살펴본 바, 자민당이 여전히 파벌 연합 정당임에는 변함이 없다. 비록 고이즈미와 아베의 장기 집권에 의해 존재감과 영향력이 감소하기는 했지만, 일강 독주 체제를 달리던 아베에게 사학 스캔들로 급브레이크가 걸린 상황에서는 다시 파벌의 논리가 힘을 얻어 파벌 간의 조정과 협의를 거쳐 차기 자민당 총재, 즉 수상이 결정될 개연성이 높다. 그렇게 되면 이시바보다도 기시다가 포스트 아베의 주자가 될 가능성이 크다.

기시다 후미오는 자민당 내의 고치카이(宏池会, 회원 47명)라는 파벌의 영수이기도 하다. 이시바의 스이게쓰카이(水月会, 회원 20명)보다 큰 파벌의 보스라는 점도 아베가 무너질 경우, 파벌 간의 조정 과정에서 유리한 위치에 서게 된다. 그런 점에서 만일 아베가 9월의 자민당 총재선거에 나서지 않을 경우에는 기시다가 총재로 등극하게 될 가능성이 큰 것이다. 다만 과거 파벌 정치가 득세할 때처럼 자민당 내의 여론을 규합하여 교통정리를 할 만한 픽서(Fixer, 조정자)가 부재하다는

기시다 후미오.

점이 함정이기는 하다.

　기시다는 1957년생으로 1982년 와세다(早稻田) 대학 법학부를 졸업한 후 은행에 입사한다. 1987년 아버지 기시다 후미다케(岸田文武) 중의원의 비서관을 거쳐 1993년 중의원 선거에서 첫 당선을 이루어 정계에 입문한 3대 세습 정치가이다.

　어쩌면 이리도 모두 똑같을까? 아베 수상을 비롯하여 자민당 내의 유력 정치가들의 면면이 전부 세습 의원이라는 점도 일본 정치의 민낯이자 속살이다. 모두가 비슷비슷한 환경과 코스를 거쳐 일본을 움직이는 거물 정치인으로 성장한 것이다.

　기시다는 현재 9선의 관록을 자랑한다. 물론 그 사이 자민당과 정부의 주요 포스트를 역임하며 수상이 되기 위한 준비는 이미 끝난 인물이다. 기시다는 2012년 제2차 아베 내각부터 외무대신의 중책을 맡아왔다. 2017년 11월의 제4차 아베 내각에서 고노 다로(河野太郎)에게 외무대신 자리를 넘겨줄 때까지 장기간 외무대신을 역임했으며 2015년 말 '한일 일본군 위안부 합의'를 이끌어낸 당사자이기도 하다.

　역대 자민당의 역사를 돌아보면 과격하고 개성이 강한 총재 다음에는 비교적 온화하고 무난한 총재가 계투 요원으로 투입되어 어느 정도 '진정 기간'을 가졌던 경우가 종종 있었다. 당내에서도 비둘기파로 알려진 온화한 이미지의 기시다가 등극할 가능성이 높다.

　그러나 앞으로 어떤 변수가 나타날지 모르는 형국인지라 감히 예단하기는 힘들다. 또한 기시다는 예전부터 포스트 아베를 노리고 스스로 경쟁하고 싸워서 총재직을 쟁취하기보다는, 이른바 아베의 '양위(讓位)'를 통한 정권 교체를 원하는 것으로 알려졌다. 정치가로서, 일국의 수상으로서의 배짱과 비전을 갖춘 그릇이 아니라는 비난을 함께 달고 다닌다.

아니나 다를까 자민당 총재 선거를 두 달여 남기고 기시다는 불출마를 선언한다. 총재 선거를 한 달여 앞둔 현재의 상황에선 아베와 이시바의 한판 승부로 좁혀질 마당이다. 파벌 연합으로 국회의원을 중심으로 세력을 규합하고 있는 아베에 비해 지방 당원표를 기반으로 도전하는 이시바의 싸움은 이미 한쪽으로 기운 것 같다. 또한 기시다가 불출마 선언과 함께 아베 지지를 표명했으니 현재로선 아베의 총재 3선이 유력해진 상황이다.

기시다라는 정치가가 강단이 부족한 우유부단한 인물이라고 평가절하한 것도 한 요인이 되겠다. 그보다는 제2차 아베 내각 이후 5년 이상 구축해온 아베 독주 체제에 자민당 정치가 상당히 속박되어 있음을 나타낸다.

섣불리 아베와 대결해 나중에 찬밥 신세로 전락하느니 일찌감치 꿈을 접고 아베 지지를 표명함으로써 아베 3선 후에 자신의 입지를 유지하는 동시에 포스트 아베를 노리고자 하는 포석일 것이다. 그러나 대결보다 화합과 공조를 선택하니 기시다에겐 배짱과 정치력을 갖춘 수상의 그릇이 되기엔 턱없이 부족하다는 인식을 확인시켜준 셈이다.

고이케 유리코와 여성 정치가들

자민당의 포스트 아베로 하마평에 오르는 정치가 중에는 여성들도 눈에 띈다. 물론 앞에서 소개한 이시바, 고이즈미, 기시다에 비해 가능성은 현저히 낮지만, 하나의 변수로서 살펴볼 필요가 있다. 자민당 총재 선거에 입후보하였거나 하려는 여성 정치가들의 우두머리는 단연 고이케 유리코다. 고이케는 2008년 총재 선거에 입후보했지만 아소 다로에 패한 전력이 있다.

하지만 고이케는 앞서 살펴본 대로 작년 해산 총선거 때 자민당에 맞서 선거를 치렀기에 자민당과의 관계가 소원해졌다. 만일 고이케가 선거에서 승리했더라면 지금의 위상과 관심도는 상상 이상이 되었을 것이다. 안타깝게도 스스로 놓은 덫에 빠져버리는 어리석음으로 당분간은 자숙하면서 도지사직에 전념하며 다시 웅비할 날을 도모하게 될 것이다.

그 외에도 인구에 자주 회자되는 여성 정치가로서 지방의원을 거쳐 중의원이 된 후 이미 9선의 대(大)배테랑이 된 노다 세이코(野田聖子)와, 오부치 게이조(小渕惠三) 전 수상의 여식으로 부친이 급사하면서 선거구를 물려받아 정치에 입문해 어느덧 7선의 중진 의원이 된 오부치 유우코(小渕優子) 등이 있다.

그러나 필자의 견해로는 일본에서 여성 총리대신이 탄생하는 날은 아직 요원한 것 같다. 구태의연하게 남녀평등 같은 잣대를 들이대지 않더라도 의원내각제의 특성과 정치 풍토로 볼 때 그렇다는 얘기다. 물론 도쿄는 고이케라는 여성 정치가가 압도적 지지로 도지사에 당선되어 도쿄의 수장 역할을 하고 있다. 이는 유권자가 직접 지방자치단체장을 선출할 수 있기에 가능한 일이다. 의원내각제는 국민적 지지와 인기가 많다고 하더라도 결국 국회에서, 그것도 제1당인 자민당 내에서 총재로 선출되어야 한다는 전제가 뒤따른다.

그럼 자민당 내에서 총재로 선출되기 위해서는 우선 파벌의 영수, 또는 그에 준하는 영향력을 행사할 수 있는 위상과 국정 경험, 그리고 국민적 인기도 함께 갖추어야 할 것이다. 내각 개편 때마다 여성 정치가 두세 명의 입각이 매번 있었으나 구색 맞추기처럼 보인다. 자민당 내의 권력투쟁은 여전히 남성들의 전유물이다. 더불어 선대의 후광을 업고 정치에 입문하여 고속 승진하듯 자리를 박차고 올라온 세습 의원(남성)들에 의해 좌지우지되는 복마전 같은 세계이다.

이런 정치 풍토에서 여성으로서 총재직을 차지하려면 성 차이를 뛰어넘는 카리스마와 리더십이 요구된다. 앞서 언급한 두 여성 정치가에겐 유감스럽게도 그런 면을 찾기 힘들다. 다만 굳이 가능성을 찾는다면 고이케 도쿄 도지사가 가장 근접한 인물이라 판단되지만, 앞서 살펴본 대로 고이케

고이케 유리코.

는 작년 선거에서 실추된 신뢰 회복이 우선되어야 하니, 당분간 수
상을 넘보기는 쉽지 않아 보인다.

제7장

아베의 독주를
가능하게 하는 것들

2006년의 제1차 아베 내각이 일 년을 못 채우고 파탄난 후, 아베는 외조부 기시 노부스케가 그랬듯 절치부심, 정권 복귀 찬스를 엿본다. 2012년 당시 야당이던 자민당 총재로 선출되어 해산 총선거에서 3.11 대지진의 대응과 수습 과정에서 국민의 신뢰를 잃은 민주당에 승리, 다시 한번 수상의 자리에 복귀하게 되는 과정은 이제까지 살펴본 바이다.

그럼 제1차 아베 내각 때 허무하게 정권을 내줬던 아베가 제2차 아베 내각 성립 이후 최장기 수상의 기록에 도전할 정도로 승승장구하고 있는 요인은 무엇일까? 여러 요인을 들 수 있으나 필자는 아베 정권을 함께 이끌고 있는 '오토모다치(お友達)'라 불리는 '측근'들과 제2차 아베 내각 수립 후 강화된 '수상 관저(官邸)기능' 및 '인사권의 활용'을 꼽고 싶다.

물론 아베 정권이 승승장구할 수 있는 가장 큰 요인은 무엇보다 아베가 2012년 자민당 총재로 복귀 후 치러진 선거에서 항상 승리를 거두었다는 점이다. 2012년 정권 탈환 총선거, 2013년 참의원 선거, 2014년 아베노믹스 해산 총선거, 2016년 참의원 선거, 그리고 작년에 치러진 국난 돌파 해산 총선거 등 5번의 선거에서 전승을 거두었다.

더구나 세 번의 총선거에서 차지한 중의원 의석 비율은 60%를 넘는다. 이는 1970년대의 여야 백중 시대를 거쳐 1980년대의 보수 안정 시대라 불리던 나카소네 야스히로(中曽根康弘) 전 수상 시절의 의석 비율이 50% 중반이었던 것을 감안하면, 아베 자민당이 선거에서 상당히 강한 면모를 가졌음을 알 수 있다.

　자연히 당선을 지상 과제로 하는 국회의원들 입장에서 아베의 정치 수법이 독선적이고 비민주적일지라도 선거에 강한 총재인 그의 뜻에 거스를 수가 없는 환경이 조성된다. 사학 스캔들로 2년 이상 여론의 집중 포화와 야당의 집요한 비난에 시달리면서도 당내에서 아베의 책임론이 일지 않는 이유는 아베만큼 선거에 강한 총재 후보가 없어서이다. 즉 아베의 정치 스타일은 마뜩치 않지만 아베에 버금가는 대안이 없기 때문이다.

아베의 사람들

─오토모다치(お友達, 측근)와 친위대, 그리고 파벌

아베 정권이 6년을 넘기며 그동안 이루어진 몇 차례의 개각에서 드러나는 인사의 특징을 보면 아베의 '오토모다치(お友達)'라 불리는 측근들을 중심으로 각 파벌에 안배하는 인사를 실시한다. 일명 코드 인사라고도 하겠다. 비단 이런 인사 관행은 일본만의 현상도 아니고, 또한 문제될 것도 없다. 서로 신뢰할 수 있는 사이인데다 능력이 적재적소에서 발휘된다면 인사권자로서는 더욱 안심하고 국정을 운영할 수 있을 터이니⋯ 아베의 오토모다치라 불리는 측근들은 개각 때마다 직책을 바꿔가며 정권의 핵심과 그 외곽에서 아베 정권을 지탱해주는 역할을 한다.

그러나 문제는 이런 코드 인사들이 재직 중 부정부패와 각종 스캔들에 연루되어 책임을 물을 수밖에 없을 때, 개인적인 인연에 얽매이지 않고 읍참마속의 결단을 내릴 수 있느냐에 달려있다. 그러나 아베 정권은 미동도 하지 않고 '모르쇠' 또는 '내로남불'로 일관했다. 장기 집권에 따른 독선과 오만이 권력 내부에 스며들었다는 방증으로 보인다.

아베의 최측근으로는 스가 요시히데(菅義偉) 관방장관을 꼽을 수 있다. 내각 관방장관(Chief Cabinet Secretary)은 내각법에 의거하여 설치되는 내각 관방의 장으로서 국무대신이 임명된다. 이 '관방(官房)'이라는 명칭이 한국에서는 낯설 것이다. 일본의 행정 조직에는 내부 부서의 필두에 관방이 위치한다. 관방은 비서, 문서, 법제, 총무, 인사, 예산, 회계, 기획, 홍보, 통계 등 행정조직의 내부 관리와 행정 사무의 통합 및 조정 역할을 담당하는 최고 핵심 부서라 하겠다.

이런 관방장관의 기능으로서는 ①중앙행정부처의 조정 역할, ②국회 각 회파(특히 여당)와의 조정 역할, ③정부가 취급하는 중요 안건이나 각종 사안에 대한 정부의 공식 견해를 발표하는 '정부 보도관(Spokesperson)' 역할을 들 수 있다. 한일 관계의 현안 과제에 대한 일본 정부의 공식 입장을 표명하는 기자회견에서 정부 입장을 발표하는 사람이 바로 이 관방장관이다.

관방장관은 흔히 수상의 '안사람(家人)' 역할을 한다고 불릴 정도로 수상을 지척에서 보좌한다. 실제로 관방장관의 공관은 수상 관저 바로 옆에 위치한다. 정부 대변인으로 매스컴에 노출이 잦은 직책인 관방장관은 차기 수상을 노리는 정치가에겐 필수 코스이기도 하다. 여기서 쌓은 정치력과 이미지가 정치생명을 이어주는 동력이 되기 때문이다. 고이즈미 정권 때 아베가 유일하게 국무대신으로 관방장관을 역임하며 쌓아 온 이미지가 아베 정권을 탄생시키는 데 크게 기여했음을 기억해야 한다.

이 요직을 차지한 사람이 스가 관방장관이다. 1947년생 스가는 아베의 '맹우'라고 일컬어진다. 스가는 아키다현(秋田県) 출신으로 호세이(法政) 대학을 졸업하고 지방의회 의원을 거쳐 중앙 무대에

아베 수상과 함께 실질적으로 정권을 이끌고 있는 스가 요시히데 관방장관. 아베 수상과는 맹우로도 알려져 있다. ⓒ아사히신문

뛰어든 입지전적 인물이다. 국회의원의 비서관을 하면서 주군을 모시는 처세술을 몸에 익혔다. 각료로서 총무대신까지 지내며 '후루사토(故鄉) 납세'¹ 정책을 성공리에 정착시키며 행정 실무력도 인정받았다.

자기주장을 내세우기보다는 상대방의 말을 경청해주는 인물로 정평이 난 스가이다. 주군, 즉 수상보다 튀는 행동을 하지 않기로도 유명하다. 즉 이인자로서 분별력이 뛰어나다는 평가다.

또한 아베가 제1차 내각의 실패로 낭인과도 같은 정치적 형로(荊路)를 걷고 있을 때, 설득과 협력으로 재기를 도모하고 지원한 사람이 다름 아닌 스가였다. 2012년 12월 제2차 아베 내각의 출범과 함께 관방장관으로 전격 취임한 이래 지금까지 5년 이상 연임하고 있다. 이는 관방장관직이 생긴 이래 최장 재임 기간이다. '아베-스가'로 이루어진 환상의 콤비라 하겠다.

아베의 맹우라고 불리는 정치가로는 스가 외에, 아마리 아키라(甘利明), 고무라 마사히코(高村正彦) 자민당 부총재, 아소 다로 전 수상이 내각과 당의 운영에 깊숙이 관여하며 아베 정권의 골격을 이루고 있다.

아베를 추종하는 친위대로는 다카이치 사나에(高市早苗) 전 총무대신, 이나다 도모미(稲田朋美)전 방위대신, 에토 세이치(衛藤晟一) 총리대신 비서관, 현 자민당 간사장 대리인 하기우다 고이치(萩生田光一) 전

---

1 개인 주민세 일부를 납세자가 선택하는 지자체에 기부하는 제도. 도시와 지방의 세수 격차를 시정하기 위한 목적으로 스가 요시히데 총무대신(당시)이 2008년 창설했다. 만성적인 재정 적자에 시달리는 지방에서는 찬성하는 의견이 많은 반면, 대도시에서는 반대와 신중론이 많다.

관방부(副)장관 등이 거론된다. 이외에도 5명의 총리 비서관 등 아베의 최측근으로 불리는 인물들이 수상 관저에 진을 치고 아베 정권을 받쳐 주고 있다.

또한 자민당 내 파벌 가운데 가장 규모가 큰 아베의 출신 파벌 호소다파(細田派, 94명), 부수상 겸 재무대신 아소 다로가 이끄는 아소파(麻生派, 50명), 현 자민당 간사장을 맡고 있는 니카이가 이끄는 니카이파(二階派, 44명) 등 세 파벌의 견고한 지지를 바탕으로 여타 파벌과 연합, 아베 장기 집권을 추동해 왔다. 사학 스캔들로 인해 아베 정권의 지지율이 하락하는 혼미한 정국에서도 이들 파벌 연합은 와해되지 않고 아베를 받쳐주었으며 이번에는 아베 총재 3선을 위한 교두보가 되고 있다.

수상 관저 기능의 강화

아베 내각이 승승장구하고 있는 또 다른 요인인 '수상 관저 기능 강화'
에 대해 살펴보자.

한국 권력의 중추가 청와대라고 한다면 일본은 수상 관저가 된
다. 일본어로 '간테이(官邸)'라 불리는 곳이 정치 일번지 나가다초(永田
町)에 자리 잡고 있는 수상 관저이다.

2001년 대대적인 '중앙 성청 재편'이 실시되어 기존의 1부 22성청
이 1부 12성청 체제로 개편된다. 정권이 바뀔 때마다 중앙 부처의 개
편이 이루어지는 한국과 달리 일본의 중앙 성청 개편은 좀처럼 이루어
지지 않는다. 이때 '정치 주도'라는 슬로건을 내세운 대대적인 개편이
이루어졌다. 그 후 방위청이 2007년 제1차 아베 내각 때 '청(廳)'에서
'성(省)'으로 승격하여 현재 1부 13성청 체제가 유지되고 있다.

도쿄 나가타초에 위치한 일본 수상 관저.

관료 주도에서 정치 주도로

일본은 전후 고도 경제성장을 통해 관료 집단의 우수성이 발휘되지만, 한편으론 지나치게 권력화된 관료정치의 폐해와 부조리도 함께 드러낸다. 이런 관료 조직에 개혁의 메스를 들이댄 것이 2001년의 중앙 성청 개혁을 비롯한 정치개혁이다.

개혁의 성과로 내각부(內閣府)의 기능과 역할 강화를 꾀했다. 수상의 권한은 한층 강력해졌다. 그를 가장 잘 활용한 것이 고이즈미와 아베라 할 수 있다. 기존의 성청 체제를 재편하여 관료제를 대대적으로 손본 것이다. 전 부처(省庁)를 넘나들며 총괄할 수 있는 내각부와 함께 수상 관저 기능을 강화했다.

이는 고도 성장기를 통해 만연되어 온 관료 지배의 적폐와 기능 부전을 개선하는, 관료 주도에서 정치 주도라는 일대 패러다임의 변혁을 의미한다. 개혁 전의 가스미가세키(霞ヶ関, 중앙 관청가)에는 소위 '맹장(盲腸)'이라 불리는 직책이 있었다. 바로 '정무차관(政務次官)'이다. 중앙 부처 최고위직은 '사무차관(事務次官)'이다. 즉 국가공무원 일반직으로서 최고봉에 오를 수 있는 직위가 사무차관이다. 물론 그 위에는 각 성청을 통괄하는 정치인들이 차지하는 '대신(大臣)' 포스트가 있다.

장관을 '정치적'으로 지원하는 직책이 정무차관이고, '사무적'으

일본의 중앙관청이 모여 있는
도쿄 가스미가세키의 관청 위치도.
뒤편의 기와 건물은 법무성(法務省)이다.

로 뒷받침하는 직책이 사무차관이다. 정무차관은 정치가가 임명되고,
사무차관은 커리어 관료(간부 요원)[2] 중에서 최정상까지 진급한 고위
관료가 임명된다. 이 둘은 같은 차관급이므로 형식상으로는 동격이다.

그러나 실제로는 그 분야에 정통한 커리어 관료 출신 사무차관과
정치적 임명직인 정무차관이 정책이나 업무에 관해 사무차관의 리드
를 받을 수밖에 없는 환경이다. 있어도 그만, 없어도 그만이라는 비아
냥을 받으며 '맹장'이라 불리기도 한다. 이는 정치가 행정부의 감시와
통제를 제대로 수행하지 못한다는 반증이기도 하다.

그런 현실을 감안하여 2001년 개혁에서 기존의 정무차관직을 폐
지한다. 그 대신 대신(大臣) 밑에 정치가인 부대신(副大臣)직을 새로 신
설하고, 기존 정무차관에 해당하는 직책에 정무관(政務官)이라는 포스

---

2 일본 중앙 관청 공무원은 일반적으로 '커리어'와 '논커리어'로 나누어진다. 커리어는
국가공무원 종합직 시험(행정고시)으로 공무원이 된 사람이고, 논커리어는 일반직 시
험으로 공무원이 된 사람이다. 공무원 시작 단계부터 나뉘는 이런 구분은 공무원의
전 인사 과정에 영향을 미친다. 즉 커리어 관료는 적어도 중앙 부처 과장급까지 고속
출세를 하며 심의관, 국장, 사무차관까지 승진하는 것에 비해, 논커리어는 승진이
늦고 출세한 사람이라 할지라도 과장급까지 맡는 것이 일반적이며, 부장급 이상이
논커리어에서 배출되는 일은 극히 드물다.

트를 새로 둔다. 물론 이는 전부 정치 임명직으로 부대신과 정무관을 3명까지 둘 수 있다.

직위상으로 대신은 넘버 원, 부대신은 넘버 투, 그리고 정무관과 사무차관이 넘버 쓰리로 간주된다. 한 부처에 정치가를 대폭 투입시켜 관료 조직을 제대로 다스리면서 정치적 리더십을 발휘하겠다는 의지로 읽힌다. 결과적으로 이는 관료 주도에서 정치 주도로의 전환을 의미한다.

민주당의 관료 운용 실패

제도가 아무리 이상적이라고 해도 운용하는 단계에서 효율적이고 유기적인 운용이 이루어지지 않는다면 빛이 바랠 수밖에 없다. 이런 정치 주도의 극단적인 실패를 보여준 사례가 민주당 정권에서 있었다. 2009년 민주당이 자민당에 압승을 거두며 정권 교체를 이루었을 때, 정치 주도 의지가 너무 앞서다 보니 시행착오를 거듭할 수밖에 없었다.

민주당 정권은 관료의 저항과 비협조 때문에 3.11 대지진에 제대로 대처하지 못하면서 우왕좌왕하다 국민의 신뢰를 잃어버렸다. 그 결과 2012년 총선에서 아베가 이끄는 자민당에 참패하여 정권을 넘겨준 사례는 앞서 살펴본 바 있다.

민주당은 정권을 잡자마자 자민당 시절 운영해 오던 '사무차관회의(事務次官会議)'를 폐지한다. 사무차관회의란 각의(閣議)가 열리는 날(매주 화요일과 금요일)의 전날 관방부장관 주재로 사무차관이 모여 각의에 올릴 안건을 심의하는 회의를 말한다. 그리고 각 부처 사무차관이 모여 전원일치로 합의된 것만 다

2011년 3월 11일에 발생한 동일본 대지진 수습 및 복구 현장을 방문한 간 나오토 수상.

음 날 열리는 각의에 상정한다. 각의는 수상과 각 대신이 모여 '가오(花押)'³라는 서명을 하는 요식(要式) 절차에 불과했다.

관료가 차려준 밥상에 정치는 숟가락만 얹는 이런 관료 주도형 시스템을 민주당은 용납하지 않았다. 정권 교체를 이루자 제일 먼저 이것부터 손을 댔다. 모든 기본 방침과 중요 안건은 정치가들이 심의하고 결정한다는 방침으로 바꾼 것이다. 의욕은 넘치고 기상은 창대했다.

물론 이는 결코 잘못된 방향이 아니다. 오히려 바람직하다. 국민의 대표자로 선출된 정치가 책임을 갖고 중요 정책이나 안건에 대해 결정을 내리고, 기본 방침이나 방향을 설정하는 역할이야말로 정치의 본령이기 때문이다. 또한 정치는 국민의 공복(公僕)인 공무원 집단이 수행하는 행정을 통제해야 하기 때문이다.

하지만 동시에 행정 기구, 업무 처리 방법이나 절차, 업무 공개와 시민에 의한 통제 시스템 등에 관해서도 점검하고, 관료 국가의 폐해를 극복할 새로운 행정 시스템을 설계할 필요가 있다. 그러나 민주당 정권은 지금까지 관료가 해오던 업무를 어느 날 갑자기, "이제부턴 정치가 다 하겠다"고 했다. 관료들은 당연히 "아, 소우데스카? 그럼 그렇게 하세요!" 하며 손 놓고 결정만 기다리는 사태를 야기하고 만다. 관료의 주특기인 복지부동(伏地不動)을 유도하는 패착을 낳고 마는 것이다.

---

3 서명 대신 사용하는 기호나 부호를 말한다. 원래는 문서에 자필 사인을 하는 것이 보통이었으나 서명자 본인과 타인을 명확히 구분하기 위해 점차 자필을 도식화, 문양화하여 특수한 형상을 가진 가오(花押)가 생겨났다고 한다.

이런 민주당의 실패를 스가 관방장관은 어느 잡지와의 인터뷰에서 민주당 간 나오토 정권이 "예전의 정치가와 관료의 관계를 전부 부정하고 관료를 배제했다. 그 결과 거대한 국가 운영에 실패했다"고 비판했다. 그 뒤를 이은 노다 정권은 "관료와의 관계를 회복하려 하였으나, 이번에는 역으로 관료들에게 휘둘리게 되어 총리의 얼굴이 안 보이게 되었다"고 거듭 비판했다. 스가 관방장관은 "진정한 정치 주도는 관료를 적절히 이용하면서, 국민 목소리를 국회에 반영하여 국익을 최대한으로 증대시키는 것이다"라고 여러 차례 강조했다. 그러나 그걸 누가 모를까. 알면서도 사람과 조직을 운용하는 게 말처럼 쉬이 된다면 무슨 걱정이 있겠는가…

견고한 관료 조직은 민주당 정권의 '정치 주도'적인 온갖 개혁에 대해 관료 조직 특유의 정보력과 전문성을 한껏 발휘해 정치를 보좌하지 않았다. 오히려 면종복배(面從腹背)의 태도로 일관하며 보신과 조직 보호에만 급급한 채 무사안일의 자세를 취한 것도 공공연한 사실이다.

어느 조직이나 조직의 성공 여부는 인사에 좌우된다고 해도 과언이 아니다. 과거 김영삼 대통령이 "인사는 만사다"라고 했듯이, 권력자는 인사권을 최대한 활용하여 의도대로 조직을 구성하고, 정책을 실현해간다. 아베는 이런 인사권을 적절히 구사하면서 '수상 관저 기능'을 강화시켜왔다.

인사는 만사, 인사권의 장악

아베 정권이 관료 조직과의 관계에서 정치 주도적 리더십을 발휘하는 수단으로서 크게 활용하고 있는 것이 '내각 인사국'과 '정부(正副) 관방 장관회의'다. 2014년 4월 내각 인사국 신설을 중심으로 한 공무원 제도 개혁 관련 법안이 가결되며, 인사국을 설립한다. 과거 '각의 인사 검토 회의(閣議人事檢討会議)'가 있었으나 이를 개정하여 강화시킨 것이다.

제2차 아베 내각 발족 후, 스가 관방장관은 "간부 인사는 모두 이 인사 회의에서 심의한다. 앞으로 인사에 관해서는 사전에 관방부장관과 상담하도록"하는 명령을 하달한다.

이 인사 회의는 각 부처 국장급 이상 200여명의 인사에 대해 관방장관과 세 명의 관방부장관이 참여하는 사전 심의 회의를 일컫는다. 원래 사무차관이나 국장급의 인사권은 주무대신이 갖고 있었으나, 실제는 법적인 근거가 없었기에 사실상 형해화(形骸化)되어 왔다. 이를 개정, 강화하여 설립한 것이 내각 인사국이다.

내각 인사국이 설치됨으로써 관료들 스스로 만들어 오던 인사안은 사라졌고, 각료에 의한 인사 평가를 감안, 내각 인사국장이 간부 후보자 명부를 작성한다. 이 명부에 의거하여 수상과 관방장관이 참여한 협의 회의를 거쳐 모든 성청(부처)의 심의관 이상[4] 600여명에 대한 인사를 실시한다. 실질적으로 스가 관방장관의 허가 없이는 간부 인사가 이뤄지지 않는다.

과거의 인사는 각 성청의 사무차관이 통괄하여 연공서열을 고려해 고과를 맞추면 관방부장관(官房副長官)은 이를 약간 조정하는 정도였다. 지금의 인사는 수상 관저가 주도하는 톱다운(Top-down, 하향식) 형식으로 작동한다. 이처럼 각 부처에서 자체적으로 행사하던 간부 인사를 수상 휘하로 일원화함으로써 정치적 리더십을 강화하고, 관료 조직을 적절히 컨트롤할 수 있는 시스템을 갖게 된 점에 주목할 필요가 있다.

이는 정부의 의사 결정 과정과도 맞물린다. 과거엔 각 부처가 법안을 자민당 총무회 부회에 네마와시(根回し, 사전 이해 조정)를 하며 조정했는데, 지금은 주요 사안마다 특명팀이 조직된다. 내각의 방침은 각의가 아니고 매일 열리는 관방장관과 관방부장관, 비서관이 회합하는 '정부(正副) 관방 장관 회의'에서 결정된다. 이렇게 결정된 방침은 자민당의 기관을 통해서 전달되는 것이 아니라, 특명 팀을 통하여 직접 각 부처로 하달된다.

따라서 대신이 창구가 되는 게 아니고 각 부처의 관방장(官房長)이 그 역할을 하게 되는 것이다. 그러면 관료는 자신의 인사권을 틀어쥐고 있는 수상 관저의 의향에 따를 수밖에 없게 된다. 상대적으로 당의 영향력은 줄어들고 수상 관저가 톱다운 형식으로 각 부처를 움직이게 되는 것이다.

이런 관저 기능의 강화로 관료 조직을 유효하게 통제, 운용할 수 있게 된 점은 국민의 대표자인 정치가 관료 조직을 적절히 관리한다는 점에서 바람직한 변화로 보인다. 그러나 권력의 집중으로 인한 권력 과부하 현상이 일으키는 부작용이 생긴다는 점에 주의해야 한다. 아베 정권의 독주로 인한 이런 인사권 강화는 자연 '정관(政官) 관계'의 바람직한 '긴장 관계'가 붕괴되는 현상을 초래한다. 정치의 논리에 따라 행정이 움직이게 되니 아베 정권의 최대 위기를 빚는 사학 스캔들이 발생하지 않았나 생각해 본다.

이번 사학 스캔들의 포인트는 담당 공무원이 권부(權府)인 수상 관저의 지시나 암시 여부와는 상관없이, 미리 헤아려서 일을 처리하는 '촌탁(忖度)'이 이루어졌다는 것이다. 알아서 일을 처리해 상급자나 권력자의 맘에 들려는 어림짐작이 관료 세계에 팽배해진 것이다. 인사가 만사이자, 조직을 장악하는 유효한 수단임은 틀림 없다. 그러나 인사 균형이 무너지면 오히려 권력으로 향하는 비수가 될 수 있다. 인사는 '양날의 검'인 것이다.

아베는 자신의 정책 노선과 다른 당내의 라이벌을 주요 포스트에서 밀어내는 냉정함과 함께, 정책 시행을 위해 소극적이거나 반대하는 중량급 인사를 주요 포스트에 기용하며 끌어안는 영리함을 보이며 인사권을 적절히 활용해왔다.

예를 들어, 2014년 9월 인사에서는 라이벌인 이시바를 간사장직에서 해임하고 다니가키를 앉힌다. 이는 총재와 간사장으로 선거를 주도하는 양강 체제로 한창 주가를 올리는 이시바를 경계하는 효과가 있다. 세율 조절과 소비세 인상을 둘러싼 당내 불협화음을 잠재우는 효과까지 얻었다. 그야말로 '신의 한 수'를 뒀던 것이다.

사실 다니가키는 아베와는 경제 및 재정 정책에서 노선을 달리했다. 간사장이라는 중책을 맡음으로써, 당내의 여론을 아베 지지로 돌아서게 하는 일을 진두지휘하는 모양새가 되었다. 도랑 치고 가재 잡는 일거양득의 묘수 인사다.

다니가키가 사고를 당해 더 이상 간사장직을 수행하기 어렵게 되자, 2016년 8월에는 간사장으로 니카이 도시히로(二階俊博)를 임명한다. 니카이는 1939년생으로 무려 79세의 고령이다. 이는 포스트 아베와는 거리가 먼 인물임을 의미한다. 안심하고 간사장을 맡길 수 있었다. 또한 니카이는 산전수전을 다 겪은 온화한 이미지로, 평판이 좋은 원로 정치가로 당내 규합에 큰 힘이 된다.

무엇보다도 니카이는 손꼽히는 한국통이면서 중국통이다. 대미 중심의 외교 정책을 펴온 아베는 한국, 중국과의 관계가 여전히 소원한 상태이다. 니카이를 기용한 것은 이런 시국을 감안한 인사이기도 했다.

니카이는 2015년 2월 13일 무려 1,400명의 경제인을 이끌고 한국을 방문, 당시 박근혜 대통령과 면담 시간도 가지며 위안부 문제 등의 현안에 대해 논의도 했다. 그는 과거 한일 관계 개선에 이바지한 공적으로 한국 정부로부터 금탑 산업훈장을 받기도 했고, 한일 의원 연맹의 상임이사도 역임했다.

그해 5월에는 한수 더 떠 3,000여명을 이끌고 중국을 방문해 시진핑과 면담을 갖는 등 중일 관계 개선에도 힘써, 친중파의 역량을 유감없이 발휘했다. 이처럼 아베는 교착상태에 빠진 한일 관계 및 중일 관계를 풀기 위한 카드로 원로 정치가를 이용하는 영악한 면도 보여줬다.

심정적으로 아베의 정치 성향과 그 지향점에 대한 반대와 우려가 있을지 몰라도, 이처럼 아베 장기 집권의 원인과 배경을 살펴봄으로써 아베 정권 또는 포스트 아베의 정국 향배를 어느 정도 예측할 수 있지 않을까 생각한다.

차검(車檢) 제도의 정치학

여기서 일본만의 특이하고 이해하기 힘든 차검(車檢) 제도를 소개하는
것도 의미 있겠다. 정치와 관료 그리고 재계의 유착 구조에 대해 알아
보자.

필자는 8월이 되면 2년에 한 번씩 차검을 받아야 한다. 2005년에
막둥이 출생을 계기로 구입한 8인승 패밀리카다. 12년이 넘은 오래된
차지만 채 9만 킬로도 타지 않은 고장도 별로 없는 멀쩡한 상태다.

일본에서는 신차를 구입한 후 3년이 지나면 첫 차검을 받아야만
하고, 그 후엔 2년마다 정기 검사를 의무적으로 받아야 한다. 문제는
이 차검이 한국에서는 상상도 못 할 만큼 비싸다는 점이다. 2년 전 차
검은 145,607엔이 들었다. 현재 환율로 보면 한국 돈으로 얼추 150만
원에 이른다.

일본에 살며 전근대적인 제도와 관습으로 서민들의 부담을 가중
시키고 있다고 느끼는 것 중의 하나가 차검 제도다. 차검 제도는 아
직도 1951년 8월에 시행된 '도로 운송 차량법 시행규칙'에 의거, 시행
된다.

차검은 차량의 소유권에 대한 공증과 더불어 일정 기간마다 안전
기준의 적합 여부 확인 및 공해 방지, 그 외 정비와 관련된 기술 향상을

도모하며 자동차 정비 사업의 건전한 발달에 기여함으로써 공공복지를 증진한다는 취지하에 실시되고 있는 제도이다.

법률의 취지는 이해한다. 문제는 차검 제도가 실시된 지 70여 년이 되도록 구태의연한 기준이 거의 그대로 적용되고 있다는 점과 2년마다 한 번씩 치러야 하는 비용이 서민들의 가계를 크게 압박하고 있다는 사실이다.

2년 전 지불한 14만 5천 엔의 내역을 한번 보자. 정비 대금이 83,867엔이고 법정 비용이 61,740엔이다. 정비 대금은 차량 부품의 교환이나 정비의 체크 항목, 또는 정비 업소의 요금 계산 방침에 따라 다소 차이가 날 수 있다. 이번에 검사를 맡긴 곳은 토요타의 딜러십으로 차를 구입한 곳이다. 점검과 부품 교환 외에 정비 비용이 따로 추가된다. 2년마다 제 발로 찾아오니 딜러십 입장에선 이보다 더 좋은 비즈니스도 없다.

법정 비용도 따라갈 수밖에 없다. 중량세 32,800엔, 자책 배상 보험료 27,840엔, 인지세 등이 1,100엔이다. 다름 아닌 세금이다. 차량을 구입할 때 납부하는 취득세, 차량 등록세 등과는 별도로 2년마다 이런 세금을 내야 한다. 이외 지자체에 별도로 납입하는 자동차세가 일 년에 45,000엔이다. 유지비 외 세금과 차검 비용이 만만치 않음을 알 수 있다. 한 번 차검을 받으려면 통상 평균적으로 10만 엔 안팎이 들 수밖에 없다.

그러면 일본인들은 이런 차검 제도에 대해 어떤 생각을 갖고 있을까. 일본의 최대 인터넷 포털인 야후에서 차검 제도에 관해 검색해보면 대략 두 부류로 의견이 갈린다.

하나는 정기적인 차검 제도가 없다면 불량 차량으로 인한 사고 다발과 그로 인한 사회적 비용의 증가가 예상되므로 필요하다는 입장이 있다.

다른 하나는 자동차 기술이 세계 시장에서도 인정받고 있는 만큼 과거처럼 고장이 잦은 것도 아닌데 강제적인 차검 제도의 당위성이 떨어지니, 자기 책임 하에 관리하게 하는 것이 바람직하다는 의견이다.

차검 제도가 시행되고 70여 년이 넘도록 거의 개선되지 않고 이어지는 현 상황을 이해하기 위해서는 일본 사회의 권력 구조에 대해 들여다볼 필요가 있다.

철(鉄)의 트라이앵글

일본 사회의 권력 유착 구조를 잘 나타내는 정치학 용어 중에 '철(鉄)의 트라이앵글(Iron Triangle)'이 있다. 정책 형성 과정에 정치와 관료, 그리고 재계가 유착된 구조를 뜻하는 말이다. 정·관·재계가 국익이나 국민의 이해보다는 정부 부처나 기업의 이익을 우선시하는 행위로 풀이된다.

그러면 이 삼자 간 유착 구조는 어떻게 탄생하는가?

우선 재계를 비롯한 업계가 앞서 소개한 족의원(族議員)으로 대표되는 정치가를 정치 헌금으로 후원하는 한편, 업계에 영향력을 끼치는 해당 부처 관료에게는 아마쿠다리(天下り, 한국의 낙하산과는 다른 일본 공무원 조직 퇴직 후 재취업의 한 형태)를 권고한다.

관료는 관련 업계를 총괄하는 동시에 그 이익대표로 움직인다. 정치가 또는 재계와 관련해서는 인·허가를 통한 각종 규제, 공공사업, 보조금 배분 등으로 영향력을 갖는다. 이에 대해 정치가는 관료, 재계가 원하는 입법 과정에서 영향력을 행사함으로써 재계로부터는 정치 헌금을 비롯한 각종 지원을 받는다. 제한적이기는 하지만 관료 조직에는 지휘권을 행사하며 정치력을 발휘하게 된다.

정치인은 선거 때는 자신의 지지 기반을, 평상시에는 정치자금의 후원을 보장 받는 일석이조의 이익을 확보한다. 업계가 필요로 하는 허가 또는 규제 완화 등이 필요할 때 관료 집단을 지휘하면서 영향력을 발휘, 서로 간의 이익에 부합하게 된다.

이 경우 관료 집단은 정책 결정이나 입법 과정에서 전문적 지식과 방대한 정보를 바탕으로 정치가를 보조하게 된다. 이 과정에서 자신의 부처 이익에 어긋나는 정치가에는 부실한 자료를 제공하거나 무시하고, 비협조적인 방법을 통해 정치가를 견제하기도 한다.

그러면서 관료가 담당하는 업계에 대해서는 업계의 이익을 대변하는 역할을 하기도 하며 정치인을 움직여 필요한 법안을 성립시키기 위해 노력한다. 이러한 대가로 관료는 정년퇴직 또는 중도 사직 후에 민간 업계의 고위직으로 재취업하는 특혜를 보장 받게 된다.

정치인은 선거를 대비해 지지 세력의 확보와 정치자금을 비롯한 후원 조직을 강화할 수 있다는 장점이 있으므로 당연히 관료와 업계에 대해 호의적인 정책 결정이나 입법 활동으로 이에 응하게 되는 것이다. 전형적인 이익 유도 정치(利益誘導政治)이다.

이러한 구조 속에서 탄생한 것 중 하나가 바로 차검 제도이다. 차검 제도의 입법화를 통하여 '도로족(道路族)'으로 통하는 족의원들은 자동차 업계를 비롯한 정비 업계 그리고 보험 업계에 이르기까지 많은 혜택을 안겨주었다. 업계는 이에 상응하는 이익 단체로서 견고한 지지 기반을 형성하여 서로의 이익에 부합하는 카르텔을 형성하게 되었다.

아울러 국토교통성은 차검이라는 제도를 통하여 업계를 관리·총괄하며 지대한 영향력을 발휘함으로써 업계와 불가분의 관계를 유지하게 된다. 삼자가 서로 필요로 하는 부분을 충족시켜주며 그 대가로

서로의 이익을 추구하는 카르텔 즉 '트라이앵글'이 형성되는 것이다.

따라서 이런 구조 속에서 70년 가까이 이어져 온 차검 제도에 대해 그 필요성이나 당위성에 대한 의문이 있다고 하더라도 정·관·업계의 견고한 카르텔이 해체되지 않는 한, 쉽게 개정되거나 폐지되는 일은 없을 것이다. 애초 법안의 입안 단계부터 이런 구조적인 유착을 예상하고 기안되었다고는 생각지 않는다.

그러나 앞에서 말한 법안의 취지에도 있듯이 국민의 안전과 자동차 정비 산업의 발전을 꾀하여 궁극적으로 공공복지를 실현하기 위한 법이라 하더라도, 일단 법이 성립되고 시행 단계를 거치면 그 과정에서 자연스레 이익을 보는 개인이나 집단이 발생한다. 그러면 그런 이익을 지키기 위해 다방면으로 연결 고리를 확보하여 보다 더 견고한 체제로서 자리할 수 있도록 카르텔을 형성하게 되는 것이다.

또한 정부 입장에서는 약 7천만 대의 차량으로부터 거둬들이는 엄청난 세수의 유혹에서 자유롭긴 쉽지 않다. 결국 초기의 입법 취지와는 달리 자동차를 보유한 국민들의 부담을 이중(세금과 점검 비용)으로 강요하는 차검 제도는 쉽게 개정될 수 없다는 딜레마를 안고 있다. 그러니 이 제도 개정을 시도하려는 정치는 여간해선 힘들 것이다.

만일 정권 교체가 이루어져 구습 혁파와 제도 개선을 통해 사회 혁신을 꾀한다는 명목하에 획기적인 개혁을 추진한다 해도, 그에 맞서는 업계와 관료 조직 그리고 족의원으로 구성된 삼각편대의 극력한 저항에 부딪힐 것은 자명하다. 이를 극복하고 제압할 수 있는 명분과 리더십이 과연 가능할지 의문스러울 따름이다.

결국 국민의 선택지는 간단하다. 세계적인 자동차 생산국에서 만든 차량에 대해 2년마다 꼬박꼬박 차검을 받으며 10만 엔을 웃도는 목돈 지출을 감수하든지, 아니면 자동차 없이 생활하든지 양자택일만 남을 뿐이다.

아베 정권과 언론

아베의 장기 집권에 앞장서 도움을 주고 있는 것 중 하나로 일본 언론을 들고 싶다. 일본에도 공영방송 NHK와 민영방송, 신문과 잡지, 인터넷 등 수많은 미디어가 존재한다.

언론 본래의 역할이라 할 수 있는 권력의 감시와 견제 측면에서 볼 때, 권력과 언론 간의 긴장 관계가 우호적 내지는 방관적 행태로 서서히 변질되고 있는 건 아닌지 염려된다. 정권의 핵심부에 있는 독선과 오만에 가득 찬 각료들의 정치자금 의혹을 둘러싼 언론의 대응을 보면 이런 심증이 더욱 굳어진다.

2016년 10월 6일, 국회 예산 위원회에서 고이케 아키라(小池晃) 공산당 서기 국장의 추궁으로 세상에 알려진 정치자금을 둘러싼 언론의 보도를 보고 있노라면 정치와 언론의 바람직한 관계가 어떠해야 하는지 더욱 분명해진다.

2016년 10월, 제3차 아베 내각의 여성 각료로 활약하며 차기 여성 리더로서 주목받고 있는 이나다 도모미 방위대신과 다카이치 사나에 총무대신, 그리고 수상의 최측근으로 불리는 스가 요시히데 관방장관의 정치자금 백지 영수증 문제가 불거졌다.

내용은 이나다 방위대신의 정치자금 관리 단체가 정치자금 파티 영수증을 백지 영수증으로 3년간 약 260장을 처리한 후 약 520만 엔을 보고했다. 또한 스가 관방장관 역시 같은 필체로 쓴 영수증을 3년간 무려 270여장, 금액으로는 약 1,875만 엔을 슬쩍 처리했다.

흔히 말하는 '가라(から, 백지) 영수증'을 받아 자의적으로 금액을 기입한 것으로 문서 위조죄가 적용될 가능성이 있다. 게다가 금액을 실제보다 부풀리거나 조작했을 경우엔 횡령이나 사기죄에 해당할 만큼 위중하다.

즉 현행 정치자금 규정법(政治資金規正法) 위반이 될 만큼 나쁜 사안이다. 더구나 주요 각료들이 백지 영수증을 수 년에 걸쳐 사용해 왔다는 사실은, 위법성 여부를 떠나 정치자금의 투명성에 위배되고 입맛에 따라 운용했다는 비판에 직면할 수밖에 없다.

일본에서는 흔히 촘촘하지 못한 법 규정으로 인해 얼마든지 현행법을 악용하여 규제를 빠져나가는 현상을 속어로 '자루법(ザル法)'이라고 한다. 일본어의 '자루(笊)'는 예전에 한국에서도 쓰였던 소쿠리를 가리키는 말로, 소쿠리 틈새로 물이 술술 빠져나감을 비유해서 생긴 말이다. 정치자금 규정법이 전형적인 자루법이라 불리는 이유이기도 하다.

그러나 설령 현행법의 흠결이 있더라도 주요 각료들이 이런 수법으로 수지를 맞춰 보고해 왔다면 이는 보통 문제가 아니다. 그럼에도 사안의 위중함을 생각지도 않는 장본인들의 답변이 더 옹색하다.

이나다 방위대신은 고이케 서기 국장의 추궁에 "정치자금 파티에서 접수가 혼란스러우면 원활한 운영이 힘들다", "정치자금 파티 주최자의 양해하에 소위 위탁을 받아 기재했기 때문에 아무런 문제가 없다"고 답변했다. 스가 관방장관도 이나다 방위대신과 마찬가지로 "정치자금 규정법상 문제가 없다"고 하였다. 정치자금을 주관하는 총무성 장관인 다카이치 대신도 "발행자 측의 영수증 작성 방법에 대해서는 법률상 규정이 없다", "법률상의 문제는 발생하지 않는다"며 옹호하는 발언을 서슴지 않았다.

정치자금의 출처와 용도를 보다 투명하게 하고 적정한 금액을 웃도는 정치헌금이나 기부금을 제한키 위해 제정된 '정치자금 규정법'을 정치인들, 나아가 주요 각료들이 백지 영수증으로 처리함으로써 법 위반에 따른 불신은 깊어만 갔다.

백지 영수증으로 의혹과 불신이 증폭되자 소관 부처인 총무성 대신 다카이치 사나에는 "법 개정까지는 많은 시간이 걸린다. 그러니 각 당에서 의견을 수렴해 어떻게 개선하는 것이 좋은지 방법을 생각해주면 고맙겠다"고 말한다. 개정이 아닌 운용 방식을 개선하는 쪽으로 완화시켰으면 하는 견해를 밝힌 셈이다.

정치자금 규정법을 개정해 보다 명확한 규정을 추가함으로써 법의 흠결을 보완하든 각 당에서 통일된 규정을 정해 운영의 개선을 꾀하든 그건 앞으로 정치권에서 논의되고 수정될 문제로 보인다. 더욱 큰 문제는 정치권에 만연해 있는 이런 관행, 즉 백지 영수증으로 정치자금을 처리하는 악습에 대한 언론의 침묵과 방관에 있지 않을까. 백지 영수증에 대한 문제가 핫이슈로 들끓을 거라 예상되었으나, NHK를 비롯한 텔레비전 매체에서는 거의 침묵으로 일관할 뿐이다.

이는 같은 해 도야마현(富山県) 도야마시(富山市) 의회의 지방의원들이 정무 활동비(政務活動費)를 같은 수법으로 착복하여 무려 11명이

사퇴한 사건과 극명한 대조를 보인다. 이 사건에 대한 보도는 뉴스는 물론, 특집 방송까지 편성될 정도로 열기가 뜨거웠기 때문이다.

주요 매체가 주요 각료들의 백지 영수증 문제에 대하여 함구하거나 축소 보도로 일관하는 배경이나 원인은 알 길이 없다. 하지만 정권의 장기화로 집권 체제가 공고해짐에 따라 보이지 않는 어떤 힘이 작용하고 있는 것은 아닌지 심히 우려되는 바이다.

이는 2016년 여름 사임한 마쓰조에 전 도쿄 도지사의 공과 사가 뒤얽힌 정치자금 의혹이 제기되었을 때와 확연히 대비된다. 거의 모든 언론이 많은 시간과 지면을 할애하여 약 한 달간 하이에나처럼 물어뜯던 행태와 비교하면 말이다.

언론을 흔히 제4의 권력이라고 한다. 입법, 사법, 행정 3부에 이어 언론이 갖는 역할과 영향력을 중요시하는 데서 온 말일 것이다. 일본에서와 같은 의원 내각제의 정치 형태는 대통령제와는 다소 다른 삼권분립의 형태를 띤다.

자민당이 이끄는 입법부와 아베 행정부의 장기 집권으로 입법과 행정의 분리가 모호한 체제에서 언론마저도 제 기능과 역할을 다하지 못할 때 민주주의의 기반은 무너질 수밖에 없다. 아베 정권을 대하는 언론에 우려의 시선을 보내는 이는 필자만이 아닐 것이다.

제8장

아베 정권과
일본국 헌법

일본국 헌법과 자위대

―자위대는 군대인가

여기서 일본의 헌법에 대해 보다 자세히 들여다보자. 세간에선 아베가 헌법을 개정하여 우경화를 꾀한다는 식의 보도가 있다. 그러나 구체적으로 무얼 어떻게 하는 것이 우경화인지, 그 지적은 타당한지, 짚고 넘어가야 할 필요가 있다.

현행 일본 헌법은 1945년의 패전으로 진주한 연합국최고사령부(General Headquarters, GHQ)에 의해 제시된 헌법 초안(일명 '맥아더 초안')에 일본 정부의 의향을 담아 절충된 안이다. 이 안은 양원을 통과하여 1946년 11월 3일에 공포되었다. 그리고 이듬해인 1947년 5월 3일부터 시행되고 있다. 이 헌법은 작년에 시행 70주년을 맞았지만, 아직 한 번도 개정된 적이 없는 원안 상태를 유지하고 있다.

일본에서 5월 3일은 헌법 기념일로 공휴일이다. 이 날은 '녹색의 날(5월 4일)'과 '어린이날(5월 5일)'로 이어진다. 그리고 '쇼와의 날(4월 29일, 과거 쇼와 천황의 생일)'부터 일주일 정도의 연휴가 이어진다. 일본에선 황금연휴라는 의미로 이를 '골든위크(Golden Week)'라고 부른다.

일본의 헌법은 전문(前文)과 103개의 조항으로 이루어졌다. 제1장 '천황', 제2장 '전쟁의 방기(放棄)', 제3장 '국민의 권리 및 의무', 제

4장 '국회', 제5장 '내각', 제6장 '사법', 제7장 '재정', 제8장 '지방자치', 제9장 '개정', 제10장 '보칙'으로 구성되어 있다.

초·중 교과서에서는 일본 헌법의 3대 기본 원칙으로 국민주권, 기본 인권의 존중, 평화주의를 표명하고 이를 가르치고 있다. 이때 우리에게 주목의 대상이 되는 것이 세 번째 평화주의이다. '평화주의'는 구체적으로 '전쟁의 방기(放棄)', '전력의 불보지(不保持)', '교전권의 부인'으로 나뉘어져 있고 이를 헌법 정신에 담고 있다.

그럼 일본 평화 헌법의 핵심이 되는 조항 제9조를 들여다보자.

제9조. 일본 국민은 정의와 질서를 기조로 하는 국제 평화를 성실히 희구하며, 국제분쟁을 해결하는 수단으로서 국권의 발동인 전쟁과 무력에 의한 위협 또는 무력의 행사를 영구히 포기한다.
2. 전 항의 목적을 달성하기 위해 육해공군 그 밖의 전력은 이것을 보지(保持)하지 않는다. 국가의 교전권은 이를 인정하지 않는다.

우리가 알고 있는 대로 일본은 군대를 보유하지 않으며, 국제분쟁의 해결 수단으로서 무력행사도 할 수 없으며, 타국과의 교전권 또한 인정되지 않는다는 것이 헌법 제9조의 내용이다. 그러나 일본도 여타 국가와 마찬가지로 국가의 안녕과 질서를 유지하기 위한 공권력은 행사되며, 이를 위한 조직이 운영되고 있다.

그 대표적인 것이 '자위대(自衛隊)'이다. 하지만 자위대는 어디까지나 '자위(自衛)'를 위한 조직일 뿐이지 명목상 군대가 아니다. 일본의 방위 개념은 '전수 방위(專守防衛)'이다. 전수 방위란, 선제 공격이나 자국 영토 외에서 군사 활동을 하지 않으며, 상대로부터 공격을 받았을 때만 비로소 자위력을 행사하는 것을 말한다. 무력행사를 금하고 있는 헌법에 의거한, 전후 일본 방위 전략의 근본 방침이자 자위대의 주 임무가 된다.

자위대는 육상 자위대, 해상 자위대, 항공 자위대로 분류되며, 현재 227,339명으로 구성되어 있다(2016년 기준『방위 백서』). 자위대는 한국의 군대와 달리 모병제이며, 신분은 국가공무원 특별직으로 분류된다. 자위대원은 계급에 따라 급여의 차등이 있으며, 제일 낮은 계급이 대략 한 달에 17만 엔(한화 약 170만 원) 정도를 받는 것으로 알려져 있다.

또한 자위대 간부 요원인 자위관을 양성하기 위한 교육 시설로서 '방위(防衛)대학교'가 있다. 참고로 일본의 보통 대학은 '대학교'가 아닌 '대학'으로 표기되며, 방위대학교와 같은 특수 목적의 대학이 '대학교'라 칭해진다. 방위대학교는 현재 가나가와현 요코스가(神奈川県横須賀)에 자리 잡고 있다. 학생은 육·해·공군의 학생을 합하여 2016년 기준 총 160명(그중 유학생 17명)이 재학하고 있다고 소개되어 있다.

교토부(京都府) 마이즈루시(京都府舞鶴市) 해상 자위대 주둔지에 정박해 있는 함선들. 이곳은 동해안에 위치한 유일한 해상 자위대 기지이며 일반인에게 공개되고 있다.

이들은 4년의 정규교육을 수료한 후, 각각 간부로 임관되어 근무하게 된다. 학생 때는 전원 기숙사 생활을 하며 한 달에 111,800엔의 급여가 지급된다. 거기에 더해 여름과 겨울에는 합계 352,170엔의 보너스가 주어진다.

점령군에 강요된 헌법

다시 헌법 얘기로 돌아오자. 일본은 2차 대전의 전범 주축 국가다. 전쟁을 일으키고 패전하였으니 전승국의 지배와 통치를 받게 되는 것은 당연하다. 명목상으로는 연합국이 통치한다고 하지만 실질적으로 미국이 통치한다고 보면 될 것이다.

맥아더(Douglas MacArthur)를 총사령관으로 하는 연합국최고사령부의 주요 개혁 중 하나가 신헌법의 제(개)정이다. 여담 한마디, 필자가 일본에 처음 왔을 때 주변의 일본 사람과 '맥아더'에 대해 얘기하곤 했다. 맥아더를 부를 때 발음과 의미가 통하지 않아 적지 않게 당황했다. 왜냐하면 한국에선 '맥아더'라고 부르는데 일본에선 '마카사(マッカーサー)'로 불리니 누굴 호칭하는지 알 길이 없었는데 나중에 설명을 듣고서야 알았다.

일본의 보수 우익들이 헌법 개정에 그토록 열을 올리면서 토해내는 주장이 있다. 지금의 헌법은 점령군에 의해 '강요된(押し付けられた)' 헌법이므로, 일본에 의한 자주 헌법으로 개정해야 비로소 자주 독립국가의 면모와 위상을 갖춘다는 논리다.

반면 일본의 진보 세력은 현행 평화 헌법을 고수해야 한다는 호헌을 주장한다. 어느 나라건 통상 보수 세력이 헌법을 비롯하여 현 국가

가미카제(神風) 특공대로 유명해진
제로센(零戦)의 잔해가 보존되어
있는 가고시마현(鹿児島県) 소재
반세특공평화기념관(万世特攻平和祈念館).

체제의 수호를, 진보 세력이 개혁을 주장하는 것을 감안하면 퍽 이례적이다. 일본의 보수는 개헌, 진보는 호헌이라는 상반된 주장을 펴고 있으니 말이다.

게다가 미일 안보 체제에 대해서도 보수는 굳건한 미일 안보 체제의 견지를 주장하고 진보는 이를 부정하고 있으니, 이 또한 애매모호한 현상이다. 현행 헌법이 점령군에 의해 일방적으로 강요된 헌법이라기보다는 당시 일본 정부의 의향을 포함하여 협의·조정이 이루어진 헌법이라는 역사적 사실(史実)은 이미 다양한 연구를 통해 알려진 사실(事実)이다.

하지만 개헌을 바라는 보수 우익에겐 그 진위가 어떻든 제9조가 눈엣가시이다. 즉 전쟁을 포기하고, 군대를 갖지 못하며, 무력에 의한 교전을 할 수 없다는 조항을 어떻게든 개정하고 싶은 것이 일본 보수 우익의 혼네(本音, 속마음)일 것이다.

집단적 자위권 해석 변경으로 무력행사 가능

2014년 7월 1일 아베 정권은 임시 각의에서 '집단적 자위권' 행사를 인정하는 헌법 해석 변경을 결정했다. 이는 물론 헌법 개정에 반대하며 호헌을 주장하는 세력의 큰 저항을 불러일으킨다. 이 집단적 자위권의 용인이 무엇을 의미하는지를 살펴보면 '전후 체제로부터의 탈각(戰後レジームからの脱却)'이라는 모토 아래 아베 정권이 주장해 온 '보통 국가' 내지는 '정상적인 국가'로 발돋움하기 위한 큰 걸음이었음을 알 수 있다.

전후 신(新)헌법에서는 군대를 보유할 수도 없으며, 무력 행위도 금지되어 있다. 그러나 일본이라는 국가의 안전과 평화를 유지하기 위해서는 당연히 이를 위한 수단을 갖추어야 한다. 그래서 존재하는 것이 '자위대'이다. 자위대는 군대가 아니고 어디까지나 자위를 위해 존재하는 조직이라는 해석이며, 이는 앞에서 살펴본 바이다.

지금까지 일본 정부의 자위권에 대한 해석은 '전수 방위'를 기본 이념으로 한 '개별적 자위권'의 행사에 국한시켜 왔다. 이를 아베 정권이 '집단적 자위권' 행사가 가능하도록 헌법 해석을 변경한 것이다. 즉 지금까지는 일본이 침공을 받았을 때에만 자위를 위한 무력행사가 가능하다는 해석이었으나, 이제부터는 직접적인 침공이 아니더라도 자국민에게 명확한 위험이 미친다고 판단될 때에는 자위대가 다른 나라와 함께 반격할 수 있다는 해석이다. 여기서 말하는 반격은 물론 무력행사를 의미한다.

아베는 각의 결정 후 기자회견에서 "모든 사태를 상정하여 국민의 생명과 평화로운 삶을 지킬 수 있도록 빈틈없는 안전보장 법제를 정비해야 한다"고 강조하며, 집단적 자위권 행사를 위해 필요한 법 정비에 착수할 것을 언급한다. 또한 아베는 집단적 자위권 행사는 전쟁 억지력으로 이어진다며, 집단적 자위권 행사는 '필요 최소한으로 해야 한다'며 한정적 용인의 입장을 표명했다.

일본 정부는 집단적 자위권 행사 용인의 세 요건으로 ①밀접한 관계에 있는 타국에 무력 공격이 발생하여 국민의 생명과 자유, 행복 추구에 명백한 위험이 있고, ②국민을 지키기 위해 다른 적당한 수단이 없으며, ③필요한 최소한의 실력 행사를 들고 있다. 이런 세 요건을 갖춘 경우 무력행사는 '헌법상 우리나라를 방위하기 위한 부득이한 자위조치'라고 명기했다.

아베 정권의 설명대로 집단적 자위권 행사가 헌법상의 자위를 위한 부득이한 조치라고 한다면 왜 지금까지의 정부는 이를 용인하지 않았을까. 또한 왜 아베 정권이 임시 각의 결정을 통하여 과거 정부가 용인하지 않았던 집단적 자위권 행사를 위해 헌법 해석 변경이라는 강수를 두어야만 했는지 궁금해진다.

집단적 자위권이란

집단적 자위권(Right of collective self-defense)은 UN 헌장을 비롯한 국제법에서 인정되고 있는 개념이다. 이는 동맹국이 공격을 받았을 때 그걸 자국의 공격으로 간주하고 반격할 수 있는 권리를 뜻한다. 역대 일본 내각은 '집단적 자위권은 보유하고 있으나, 헌법 제9조로 인해 행사할 수 없다'고 해석해왔다.

그러나 이번에 아베 정권에서 기존 정부의 해석을 뒤집어 집단적 자위권 행사가 가능하게 했다는 것은, 가령 동맹국인 미국의 영토인 괌이나 하와이가 북한의 공격을 받았다고 가정할 때, 일본 자위대가 이를 자국의 공격으로 간주하고 북한을 공격할 수 있음을 의미한다. 물론 이러한 법의 적용이 북한에 한정되지 않는 것은 당연하다.

사실 집단적 자위권에 대해서는 신헌법 제정 당시 일본 정부도 자각하고 있었던 사항이다. 다만 헌법 제9조 2항에 의해 "일체의 군비와 국가 교전권을 인정하지 않는 결과, 자위권을 발동하는 전쟁도 교전권도 포기했다"고 하는 당시 요시다 시게루 수상의 발언에서 볼 수 있듯이, 헌법에 의해 자위권 행사가 금지된다고 해석돼 왔다.

전후 자위대 창설 이후 지금까지 일본 정부가 취해 온 입장은 자위대는 군대가 아니라는 점이며, 일본은 자위권을 갖고 있지만 무력에

1990년대 이후 자위대는 일본의 전수방위를 위한 조직의 역할을 뛰어넘어 '국제공헌'이라는 명목하에 세계의 분쟁 지역을 중심으로 활동 영역을 넓혀 가고 있다.

의하지 않는 자위권이라는 해석을 유지해 왔다. 물론 시간이 흐르면서 국제 정세의 변화에 따른 해석의 온도차는 있었으나 기본적으로는 이와 같은 스탠스를 지켜온 것이다.

그러다가 자위권과 자위대의 해외파병에 대한 논의를 점화시킨 것이 1991년의 걸프(Gulf)전쟁이다. 이때 일본 정부는 자위대 파병은 헌법에 따라 불가능하므로 자금 원조(130억 달러)만을 하게 된다. 이것이 미국과 다국적군 정부로부터 일본은 돈만 내고 피를 흘리지 않는다는 국제적 비난 여론에 직면하게 했다.

이를 계기로 일본도 국제사회에 참여하고 공헌하기 위해서는 자위대 파병 관련 법을 비롯한 법 정비가 필요하다는 여론이 확산되었다. 걸프 전쟁 후에는 페르시아만 어뢰 제거를 위해 해상 자위대가 파견되기에 이른다. 그러나 이는 어디까지나 통상 공·해상에서 펼치는 업무의 연장이라는 해석이었다. 즉 무력행사에 해당되지 않는다는 얘기다.

그러다 1992년 미야자와(宮澤喜一) 내각 때 '국제 평화 협력법', 일명 'PKO[1] 협력법'이 성립되면서 자위대 파병의 길이 열렸다. 다만 이

---

1 국제연합 평화 유지 활동(United Nations Peace Keeping Operations)으로 UN 헌장의 집단 안전보장을 실현하고, 분쟁의 평화적 해결 기반을 구축함으로써 분쟁 당사자가 간접적으로 평화적 해결을 촉진하는 국제연합의 활동을 말한다.

때는 분쟁 당사자 간의 정전 합의가 성립된 후에나 가능하다는 논리에 의해 PKO 활동은 무력행사에 해당되지 않는다는 해석이었다.

그 후 북한에 의한 NPT[2] 탈퇴와 핵무기 개발 등으로 한반도와 일본을 둘러싼 주변 정세가 급변하는 시기를 맞아 미국 정부도 일본의 역할론을 부추기고, 이에 호응하는 형태로 일본 정부도 주변 유사시에 대비한 미일 가이드라인[3]을 1997년에 개정한다. 이때는 '후방 지원'이라는 용어를 사용하여 전투가 일어나지 않은 지역의 타국 군을 지원하는 것은 무력행사에 해당되지 않는다고 해석, 1999년에는 '주변 사태법'을 제정한다.

2001년 9월 11일 발생한 미국의 동시다발 테러는 미국의 안보 정책뿐만 아니라 일본의 방위 정책에도 큰 영향을 미치게 된다. 그 후 아프가니스탄 전쟁과 2003년의 이라크 전쟁을 치르면서 일본은 끊임없이 자위대 파병 요청을 받게 된다. 일본 정부는 비전투 지역에 한해 자위대를 파병하여 다국적군의 지원이 가능한 '테러 특별 조치법'을 성립시키기에 이른다. 물론 일본 정부는 비전투 지역에서의 다국적군 지원은 무력행사에 해당되지 않는다는 입장을 취했다.

그러나 실제로 전투 지역과 비전투 지역의 구별이 불분명하다는 점에 대해 당시 오카다 가쓰야(岡田克也) 민주당 대표에게 질문을 받은

---

2 핵확산금지 조약(Nuclear nonprolification treaty, 약칭 NPT)은 핵 군축을 목적으로 미국, 러시아, 영국, 프랑스, 중국 5개국 이외의 핵무기 보유를 금지하는 조약이다.

3 미일 방위 협력을 위한 지침(Guidelines for U.S.A−Japan Defense Cooperation)은 미일 안보조약에 의거한 방위 협력의 구체적 사항을 정한 문서이다. 통상 '가이드라인'이라 한다. 1978년 소련의 일본 침공을 염두에 두고 제정되었다. 그 후 1997년 한반도 유사시를 상정하여 개정되었다. 2015년 재개정.

고이즈미 수상은 "자위대가 활동하는 지역이 비전투 지역"이란 황당한 답변을 내놓기도 했다.

이런 과정과 변천을 통해 자위대는 여전히 군대가 아니므로, 무력행사를 할 수 없다는 태도를 견지하면서도 자위대의 활동 무대를 일본 열도에 국한하지 않고, 국제적 공헌이라는 명목하에 해외파병을 위한 법 정비를 해온 것을 알 수 있다. 그럼에도 자위대의 자위권에 대한 해석은 개별적 자위권을 기본 방침으로 해 왔으나, 아베 정권에 이르러 집단적 자위권을 인정함으로써 헌법 해석의 변경이 이루어진 것이다.

이러한 각의 결정에 따른 헌법 해석의 변경에 이어 이를 구체화한 법제가 이루어진다. 이듬해인 2015년 5월 아베 정권은 안보 법제 관련 11법안을 각의에서 결정하기에 이른다. 그 후 통상 '안보 법안'이라 불리는 '안전보장 관련 법안'이 7월 16일 중의원 본회의를 통과한다. 안보 법안은 새롭게 만들어진 '국제 평화 지원 법안'과 '자위대법' 개정안 등 10개 개정 법률안을 통합한 '평화 안전법제 정비 법안(平和安全法制整備法案)'으로 구성된다.

그 주요 내용을 살펴보면, ①집단적 자위권 인정, ②자위대 활동 범위와 사용 가능한 무기 확대, ③유사시 자위대 파견까지의 국회 심의 시간 단축, ④무기 사용 기준 완화, ⑤상관 명령 불복종에 관한 처벌 규정 추가 등이다.

위의 안보 법안을 국회 심의 과정에서 자민당이 추천한 저명한 헌법학자가 '위헌'이라고 답변하여 혼란을 초래하기도 했다. 중의원 헌법 심의회에 참석한 헌법학자 3인 모두 위헌이라고 지적할 정도로 현행 헌법과의 관계에서 볼 때 위헌의 소지가 많은 만큼 반대 여론도 만만치 않았다. 법안의 통과가 기정사실화되자 전국 각지에서 '전쟁법'이라며 반대하는 목소리가 높아만 갔다. 한동안 국회 주변에서 안보 법안에 반대하는 격렬한 대규모 시위가 지속되었다. 그러나 이도 잠시, 모두 일상으로 돌아가 평온을 유지한다. 이게 현재 일본 사회의 모습이다.

집단적 자위권 해석 변경을 위한 파격 인사

아베의 집단적 자위권 헌법 해석 변경이야말로 '전후 체제로부터의 탈피'를 의미하는 상징적인 내용이다. 이를 실현키 위해 아베는 2013년 8월, 주프랑스 대사였던 고마쓰 이치로(小松一郎)를 내각 법제국 장관으로 전격 임명한다.

　내각 법제국은 정부 제출 법안이나 법제에 관한 심사와 조사를 행하는 기관으로 장관(부(副)대신 대우)은 내각이 임명한다. 정부가 제출하는 모든 신규 법안에 대해 각의 결정에 앞서 헌법이나 다른 법령을 고려했을 때 모순이 없는지를 사전에 심사하는 것 외에, 헌법이나 법령의 해석을 둘러싼 정부의 통일된 견해를 발표하는 역할을 한다. 법제국 장관은 헌법 해석에 대해 국회에서 답변도 한다.

　이제까지는 법제에 정통한 법제국에서 잔뼈가 굵은 고위 공무원이 장관에 임명되는 것이 관례였으나, 아베는 자신이 추진하는 집단적 자위권에 대한 정부 해석의 변경에 협조하고 추진력 있는 인물이 필요했다. 고마쓰 장관은 법제 업무와는 무관했던 외무 관료 출신으로 오랜 조약국(条約局) 근무를 거쳐 국제 법제국장을 역임했다. 또한 그는 제1차 아베 정권이 설치한 '안보 법제 간담회'의 사무처에서 근무한 경험이 있으며, 이미 이 모임에서 집단적 자위권 행사가 헌법 제9조에 위반되지 않는다는 결론을 내린 바 있다.

아베는 이런 인연으로 이례적인 인사를 단행한다. 집단적 자위권에 대한 기존 정부의 방침을 뒤집는 각의 결정을 해내고 만다. 물론 내각 법제국은 내각의 하위 기관이다. 설치법에 따르면 법제국은 수상을 보조하는 기관이므로 법제국 장관은 당연 수상의 휘하에 있다. 그런 의미에서 인사권자인 수상이 누구를 장관으로 임명하든 문제될 소지는 없다.

그러나 법제국이 헌법 해석에 관해 통일된 의견을 내는 곳이라는 관점에서 정권의 입맛에 맞는 인사를 통하여 자의적인 법 해석으로 이어질 수도 있다. 그러니 권력의 악용 가능성에 대해 주의가 필요한 직책이기도 하다. 이런 점에서 볼 때 이 사건은 헌법 개정에 대한 아베의 결연한 의지를 보여준 사례라 하겠다.

제9장

아베의 최종 목표

−헌법 개정을 위한 움직임

아베 정치 과정의 의문점

여기서 한 가지 의문점이 생긴다. 지금까지 살펴본 대로 아베 정권에서 실시한 집단적 자위권에 대한 헌법 해석의 변경과 이를 실행하기 위한 구체적 법 체제인 안보 법안이 통과되었기에 사실상 자위대의 해외파병도 가능해졌다. 이는 과거 정부에 비해 아베가 꿈꾸는 전후 체제의 탈피를 어느 정도 달성했다고 보아도 무방할 것이다.

　이 과정을 거치면서 일본은 굳이 말도 많고 탈도 많은 헌법 개정을 할 필요가 있을까 하는 생각에 이른다. 무장과 무력 행위를 금지하고 있는 헌법 제9조를 개정하거나 삭제하지 않더라도 실질적으로 자위대의 운용은 상당 부분 자유로워졌기 때문이다. 일본 사회 일각에서는 이런 집단적 자위권을 인정하는 헌법 해석 변경을 가리켜 개헌에 버금가는 '해석 개헌(解釈改憲)'이라 할 정도로 큰 의미를 갖는다.

아베 수상은 기회가 있을 때마다 언론에 등장하여 개헌을 주장한다. 평화헌법의 제9조는 그대로 두면서 새로이 자위대에 대한 조항을 신설하자고 제안한다.

　일련의 첨예한 사안을 다루는 정치 과정은 고차원적인 기획을 요한다. 2014년 11월, 느닷없는 '아베노믹스 해산'이라는 해산 총선거를 실시하여 아베 정권은 국민의 신뢰를 확보한다. 이처럼 정치적 부담이 큰 논란거리인 사안을 하나하나 진행해 나가는 과정을 되짚어볼 필요가 있다.

아베는 1993년 첫 당선 때부터 개헌에 대한 의욕을 드러냈다. 개헌은 아베에겐 정치적인 최종 목표이다. 또한 외조부 기시를 비롯한 보수 우익 세력들이 꿈꾸어 온 숙원 사항이기도 하다. 그런 야망을 실현해 가는 과정을 지금까지 살펴봤다. 개헌을 목표로 한다면 집단적 자위권이나 안보 법안 같은 첨예한 사안을 공론화해 분열을 일으키는 정치적 모험을 할 필요 없이 일관되게 개헌을 추진해 나가면 되지 않을까 하는 생각이 든다.

아베는 개헌이라는 최종 목표를 달성키 위해 자위대와 헌법과의 관계라는 깊은 골짜기를 건너야 한다. 물론 험준한 계곡을 피해 보다 편히 우회하는 길도 있다. 그러나 그건 시간도 많이 걸리고 힘도 소진될 수밖에 없다.

개헌과 집단적 자위권 행사라는 헌법 해석 변경의 두 가지는 애초부터 아베가 주장해오던 사항이다. 엄청난 노력과 시간을 요하는 이 두 가지 중에 하나만 집중적으로 진행하는 길을 마다하고 이 둘을 동시에 진행하려 한다. 상당히 치밀하게 계획되고 준비된 고도의 정치 수법이라고 생각한다.

개헌 하나만을 위한 정치 과정을 전개해 나간다면 국민적 관심과 여론은 단지 개헌에만 집중될 것이다. 그 과정에서 개헌에 반대하는 세력이 득세하고 이들을 지난하게 설득하면서 관련된 논쟁을 반복할 수밖에 없다. 그러니 아베 입장에서는 최종적으로는 개헌을 목표로 하되 여론과 관심을 희석시킬 필요가 있다. 헌법 개정에 지나치게 쏠린 관심과 집착을 분산시킬 필요가 있는 것이다.

여기서 집단적 자위권에 대한 헌법 해석 변경이라는 묘수가 우회적 선택지로 작용한다. 물론 이에 반대하는 여론이나 논리에 대해 충분히 예상하고 대응책도 염두에 두었을 것이다. 아베 정권이 끌어안고 전전긍긍할 것이 아니라, 시민사회라는 공론의 장에 이 시안을 정쟁거리로 던져놓고, 치고받고 물고 물리기를 반복하게 하는 '개헌 게임'을 유도하는 것이다.

이를 통해 개헌에 대한 의견이 분출되고 논쟁이 가열되면 모든 사회적 에너지는 소모된다. 그러는 사이에 시나브로 개헌은 가시화되면서 개헌에 대한 국민적 인식도 점차 자리 잡아 간다. 이런 과정이 개헌 세력들이 노리는 우선적 목표라고 생각한다. 국민에게 어느새 개헌은 기정사실화되고 있다. 부지불식간에 개헌에 대한 거부감이나 저항이 열기를 잃어갈 것이다.

이러한 수법으로 권력의 극대화를 꾀한 인물이 다름 아닌 고이즈미 전 수상이다. 고이즈미 정권 때 일본에선 난데없이 '수상 공선제(首相公選制)' 논쟁이 한창 뜨거웠던 적이 있다. 지금은 온 데 간 데 없지만, 당시 고이즈미는 '강력한 대통령과 같은 공선된 수상'을 내세운 공선 수상제를 기회가 있을 때마다 언급했다.

그러나 수상 공선제를 실현하려면 헌법 개정이 불가피하다. 고이즈미는 개헌에 대해서는 의욕을 보이지 않았다. 다만 자신이 원하는 것은 강력한 권한을 갖춘 공선된 대통령과 같은 수상이었다. 개헌과 같은 부담스런 논의를 하지 않더라도 공선제 수상에 대한 국민들의 기대는 높아져만 갔다. 국민적 인기를 등에 업은 고이즈미는 대통령보다도 더 강력한 수상으로서 집권 내내 강력한 리더십을 발휘할 수 있었다. 바로 이런 정치적 과정과 수법을 아베도 선택하고 있는 것 같다.

개헌과 집단적 자위권 해석 변경을 하나로 묶어 최종적으로 개헌을 위한 포석으로 삼고, 집단적 자위권 해석 변경을 통하여 일본 사회 전체에 개헌은 이미 가시권으로 들어와 있다. 이런 메시지와 함께 헌법에 대한 집착과 관심을 분산시키면서 한편으론 정권의 선택지를 확대해 나가는 것이다. 물론 이는 아베의 높은 국민적 지지와 거듭된 선거에서 연승해온 자신감이 있기에 가능하다. 개헌을 줄곧 주장해온 아베와 자민당의 전략이 어느 정도 먹혔음을 의미하기도 한다.

일본어에는 '나시쿠즈시(なし崩し)'[1]라는 표현이 있다. 이는 조금씩 조금씩 한 발 한 발 목표를 이루어 가는 과정을 나타낼 때 사용되는 표현이다. 이번 집단 자위권 해석 변경이야말로 개헌을 위한 나시쿠즈시의 전형이라 하겠다. 일본 사회의 의사 결정이나 변혁 과정을 보면 한순간에 바뀌는 건 없다. 무엇이든 시간을 들여 검토하고 점검하니 성미 급한 사람은 안절부절못하기 일쑤다. 그런 점에서 개헌이라는 최종 목표는 이런 나시쿠즈시와 같은 과정을 거치며 착착 진행되고 있다.

---

1 '済し崩し'라고도 표기한다. 일을 조금씩 바꾸어가는 것, 서서히 바꾸어 가면서 결말을 맺는 것을 뜻하는데, 원래는 빚을 조금씩 갚아 가면서 변제를 마무리하는 것에서 유래하였다고 한다. 이는 바꿔 말하면 어떤 일을 추진할 때 정식 절차를 밟지 않고 기정사실을 조금씩 쌓아감으로써 목적을 달성하는 것을 의미 한다.

아베 장기 집권의 성과

아베 정권이 6년 넘게 장기 집권하면서 통치 기반이 많이 강화되었다. 그로 인해 아베 정권이 의도했던 정책도 상당한 결실을 맺기 시작했다.

지금까지 추진해 온 아베 정권의 정책적 특징을 몇 가지 꼽아본다. 우선 경제 정책으로는 아베노믹스, 미일 안보 동맹을 기축으로 한 안전보장 정책, 전후 체제의 탈각이라는 역사 수정주의와 우경화, 그리고 적극 외교를 들 수 있다.

경제 정책에 관해선 필자의 전문 영역이 아니기에 깊이 들어갈 수 없다. 엔저로 인한 수출 증대는 기업과 내수에 긍정적인 영향을 미친다. 흔히 말하는 낙수 효과(Trickle-down effect)가 서민 생활에도 긍정적인 쪽으로 작용하는지 여부는 딱히 단정키 어렵다. 단지 대학생 취업률이 상승되고 있다고 알려지니 여론은 좋은 쪽으로 형성된다. 특히 젊은 학생들은 아베노믹스의 긍정적인 효과가 자신들의 취업 환경을 호전시키고 있다고 믿는다.

아베 정권의 성과에서 단연 주목받는 것은 적극적 외교 활동이다. 일본의 대외 정책은 '대미 종속'이라고까지 야유 받을 정도로 미국 일변도의 외교 노선을 걷고 있다. 아니, 아베 정권 이후 더욱 강화되고 있다고 해도 과언이 아니다. 그러나 아베 정권이 장기화되면서 세계 각국의 시선도 자연히 일본 수상이 일 년을 채우지 못할 때와는 판이하게 다르다. 이를 아베 역시 적극적으로 활용하여 왕성한 외교 활동을 전개하고 있다.

트럼프가 당선되자 아베는 쪼르르 미국으로 달려가 눈도장을 찍는다. 트럼프 취임 후 얼마 지나지 않아 첫 국빈 방문자로 미국을 방문하여 골프 회동까지 하면서 미일 동맹의 결속을 과시하는 발 빠른 행보도 보인다.

이를 두고 비판적 시각도 있으나, 장기 집권에 따른 아베의 자신감이 묻어난 '적극 외교'로 보인다. 한 나라의 정상이라면 회담을 통해 과실을 챙기는 것도 중요하지만, 비록 소득 없는 외교라도 서로 얼굴을 맞대면서 술잔을 기울이고 골프 라운딩도 하면서 많은 친교의 시간을 갖는 게 바람직할 수도 있다.

여기서 우리는 아베가 보인 적극 외교가 미국에 한정된 것만이 아님을 주목해야 한다. 일본 외무성 자료에 따르면 아베가 재기하여 수상이 된 후, 2013년 1월부터 최근의 2018년 2월 평창 동계 올림픽 개막식 참가 차 한국까지 방문 국가의 수는 무려 76개 나라에 달하며

아베 총리는 2016년 12월 15일 야마구치현 나가토(長門)시의 전통 여관(旅館, 료칸) 오타니(大谷) 산장에서 블라디미르 푸틴(Vladimir Putin) 러시아 대통령과 만나 양국 최대 현안인 쿠릴 4개 섬(일본명 북방영토) 반환 문제와 경제협력 등을 논의했다. 야마구치는 아베의 고향으로, 산속 온천을 회담장으로 정한 데에는 푸틴 대통령과 인간적 관계를 돈독히 하려는 의도가 반영된 것으로 보인다.

방문 횟수는 136회에 이른다.

　미국, 러시아, 중국, 한국을 비롯한 5대양 6대주 70여 개국 이상을 방문하고 200여회가 넘는 정상회담을 기록했다. 특히 개발도상국에는 적극적인 지원을 약속하며 공격적인 외교 활동을 펼치고 있다. 이는 전적으로 장기 집권에 따라 중·장기적 정책을 수행할 수 있기에 가능하지만, 한편으론 적극적인 외교 활동의 성과가 국민들에게 높이 평가되어 장기 집권을 가능하게 하는 요인이 됐다고 보는 게 타당할 것이다.

　예를 들어 아베 수상이 미국 의회나 UN 총회 연설을 통하여 일본의 국제 공헌과 전후 처리에 노력하겠다는 의지를 역설한 것은 훗날 오바마 대통령이 히로시마를 방문하는 계기가 되었다. 이런 일련의 외교적 성과는 우연히 나온 것이 아니다.

　아베는 이런 적극적 외교 행보를 통해 국제사회에서의 일본의 위상과 지지를 확대해 갔다. 우리는 그가 한국·중국과의 영토 문제, 러시아와의 북방 영토 반환 문제와 같은 첨예한 문제에서도 유리한 위치를 확보해 나가고 있다는 점에 주목해야 한다.

헌법 개정은 가능한가

2018년 1월 10일 현재 자민당은 중의원과 참의원 양원에서 단독 과반수를 확보하고 있는 일본 제1정당이다. 자민당은 정원 465명인 중의원 중 283석, 정원 242명인 참의원 중 126석을 차지하고 있다. 그러나 자민당은 단독이 아니라 공명당과의 연립 정권으로 나라를 이끌고 있다. 왜 그럴까?

공명당이 확보한 중의원 29석과 참의원 24석을 더했을 때, 비로소 헌법 개정안의 발의 요건(국회의원 2/3이상의 찬성)을 충족시킨다는 점에 주목해야 한다. 아베 정권은 현행 헌법 제9조에 발 묶인 군대 보유를 비롯하여 개헌을 통해 보수 우익들이 말하는 일명 '정상적인 국가'를 건설하는 것을 최종 목표로 하고 있다.

보수의 아이콘인 아베는 예전부터 개헌에 의욕을 보여 왔다. 그러나 아직도 일본 사회에선 개헌에 관한 찬반 여론이 대등하게 맞서고 있다. 개헌을 위해서는 최종적으로 국민투표에 부쳐 과반수의 찬성이 있어야 하기에, 실제 개헌을 위한 수순은 멀고도 험난할 수밖에 없다.

개헌 절차는 우선 내각이나 국회의원에 의한 발의로 시작된다. 이 개정 발의안이 통과되려면 중의원과 참의원 양쪽에서 재적 의원의 2/3 이상의 찬성이 있어야 한다. 만일 중의원을 통과한 개정안이 참의원에서 부결되면 자동 폐기된다. 자민당이 공명당과의 연립 정권을 유지할 수밖에 없는 이유다. 이처럼 양원에서 통과된 개정안이 국회 발의 개정안으로 국민투표에 부쳐지고, 유효 투표 가운데 과반수의 찬성을 얻게 되면 비로소 보수 우익이 꿈꾸는 대망의 헌법 개정이 이루어진다.

　여기서 짚고 넘어갈 게 있다. 헌법 개정에 사활을 걸고 있는 보수 우익이 주장하는 점령군에 의해 '강요된' 헌법이라는 논리가 과연 타당한지 지방자치를 한 예로 들어 검토해 본다.

강요된 헌법

─지방자치의 사례

현행 일본 헌법의 제8장은 '지방자치'에 관한 규정을 제92조부터 제95조까지 4개조에 걸쳐 기술하고 있다.

지방자치를 부르는 용어가 특이하다. 일본 헌법을 비롯하여 지방자치법, 그 외 지방자치와 관련된 규정을 두고 있는 모든 법률에서 '지방자치단체' 또는 '지자체'라는 표현을 일절 사용하지 않고 있다. 대신 '지방공공단체(地方公共団体)'라는 법률 용어로 불린다.

물론 실제로는 지방자치단체나 지자체 또는 지방공공단체를 엄밀히 구분하지 않고 통상 '자치체(自治体)'라고 부른다. 하지만 헌법을 비롯한 모든 법령에서는 엄연히 '지방공공단체'로 규정되어 있다. 법리상 지자체로서의 주체적이고 능동적인 뉘앙스가 희석되어 있다고 하겠다.

맨 처음 맥아더 초안에서 제시한 지방자치 관련 규정을 보면 지방자치가 'Local Government(지방정부)'로 되어 있다. 이 초안을 내무성 관료들이 'Local Self-Government(지방자치)'로 슬쩍 바꿔친다. 일본어 번역도 '지방정부'가 아닌 '지방행정(지방자치)'으로 바뀌는데, 이는 '지방정부'가 '지방행정'으로 격하됨을 의미한다.

보통 정부의 의미는 자주적인 의사 결정의 주체라는 뉘앙스가 강하다. 내무성 관료들의 사고에는 지방은 정부가 될 수 없다는 발상이 저변에 깔려 있는 것 같다. 자연히 '지방행정'이 적절하다고 생각할 것이다. '정치'나 '정부'와는 달리 '행정'은 주체가 아닌 이미 정해진 것을 수행하면 된다는 수동적인 이미지에 가깝다. 내무성 관료들에 따르면 정부는 중앙정부에만 존재하는 것이지, 지방에서는 충실히 지방행정을 수행하는 위치면 된다는 것이다.

동시에 맥아더 초안에서는 지자체를 '수도(首都, Metropolitan Areas)', 부현(府縣, Prefecture)과 '시정촌(市町村, Cities and Towns)' 등으로 각기 분류하여 명기하고 있는데, 내무성 관료들은 개별 지자체를 구체적으로 규정한 맥아더 초안을 수정해 통칭 '지방공공단체'라는 용어로 치환한다.

지자체란 모름지기 주민들이 모여 자주적으로 조직을 구성하고 운영해 가는 능동적인 이미지가 강하다. 이에 비해 지방공공단체는 용어 자체도 애매모호하다. 정체가 불분명한 어떤 공공단체, 혹은 공익을 도모하는 업체들의 모임 같은 인상을 준다. 이러한 배경에는 정부에서 정한 사항을 성실히 수행해주는 공공단체의 이미지가 당시 관료들에 깔려 있기 때문이었던 것 같다.

그 외에도 지방자치의 주체가 되는 주어가 맥아더 초안에서는 'Inhabitants(주민)'으로 명기되어 있었으나, 이 또한 절충과 검토 과정에서 사라져 버린다. 이처럼 맥아더 초안의 세세한 부분은 일본 정부의 담당자들이 검토하고 절충하는 과정에서 일본 측의 주장과 요구가 관철되었음을 알 수 있다.

물론 패전 국가의 입장에서 상징 천황제나 전쟁의 포기와 같은 주요 골격에 대해서는 반격의 여지조차 없었을 것이다. 그러나 군대를 보유할 수 없고, 전투도 할 수 없는 평화 헌법 개정을 학수고대하는 보수 우익에게는 이런 역사적 사실은 인정하고 싶지 않은 과거의 이야기일 뿐이다.

개헌을 위한 구체적 움직임

아베는 개헌에 필요한 중의원의 2/3를 공명당과의 연립 정권으로 확보한 상태다. 그리고 참의원에선 개헌에 우호적인 공명당 외의 보수 세력까지 끌어안으며 개헌에 필요한 단계를 뚜벅뚜벅 밟고 있다.

하지만 이는 개헌을 위한 국회 내의 움직임에 불과할 뿐 개헌의 최종 단계는 국민투표다. 국민투표에서 과반수의 찬성을 이끌어내지 않으면 안 되는 것이다. 그러니 국회와는 별도로 국민 여론을 어떻게 형성하고 유도해 갈 것인지가 크나큰 과제로 다가온다.

국회는 국회대로 여론은 여론대로 '양동작전(적의 경계를 분산시키기 위하여 실제 전투는 하지 않지만 마치 공격할 것처럼 보여 적을 속이는 작전)'으로 지지 세력의 외연을 넓혀가야 한다. 여기에서 등장하는 것이 '일본회의(日本会議, 니폰 카이기)'를 필두로 한 보수 우익의 결집과 이에 따른 우경화 정책이다. 기존의 제도와 법률을 개정하는 과정을 통해서 이루어지는 이런 정책은 서서히 그러나 극명하게 그 윤곽이 드러난다.

아베 정권의 최종 목표는 평화 헌법의 개정이다. 이를 위한 초석을 마련하기 위해 아베가 지난 6년간 이루어 온 성과들을 살펴보면 이러한 일련의 과정은 쉽게 이해가 간다.

제10장

아베 정권과
일본회의

아베의 장기 집권과 우경화 정책을 전면적으로 지지하고 이에 크게 기여하는 세력인 일본회의(日本会議)와 아베와의 관계에 대해 살펴보자.

일본회의(영어명 Nippon Kaigi, Japan Conference)는 미국 언론에서도 '일본 최대의 우익 조직'이라 소개할 정도로 막강한 영향력을 가진 조직이다. 각료 대다수가 일본회의와 직접 관련이 있는 의원 단체에 소속되어 있다. 일본 언론에서는 지금까지 일본회의에 대해 적극적인 보도를 하지 않고 있다. 그러나 최근 일본회의에 대해 심층 취재를 하거나 그와 연관된 서적이 줄줄이 출간되며 관심이 고조되고 있다.

그럼 아베 내각에서 일본회의와 관련 있는 각료가 어느 정도 포진하고 있는지부터 살펴보자. 제3차 아베 내각의 각료 70%가 일본회의, 95%가 신도 정치 연맹 국회의원 간담회(神道政治連盟 国会議員 懇談会)의 회원이다.

2016년 8월 3일 발족한 제3차 아베 내각(2차 개각, 2016년 8월 3일~2017년 8월 3일)의 주요 각료 중에 일본회의에 가입되어 있는 각료는 우선 아베 수상을 필두로 스가(菅義偉) 관방장관, 아소(麻生太郎) 재무·부총리, 다카이치(高市早苗) 총무대신, 가네다(金田) 법무대신, 기시다(岸田) 외무대신, 마쓰노(松野) 문부과학대신, 시오자키(塩崎) 후생노동

대신, 이나다(稲田) 방위대신 등 거의 전부라 해도 과언이 아니다.

　　이처럼 주요 각료가 망라된 것은 일본의 주요 정책 결정에 일본회의라는 조직이 알게 모르게 배후에서 커다란 영향력을 미치고 있기 때문이다. 그러면 이 일본회의는 어떤 조직이며 무슨 목적으로 설립되어 어떤 활동을 해오고 있는지 살펴보자.

천황 아키히토의 생일을 축하하기 위해 황실
가족이 거주하는 도쿄의 황거(皇居, 고쿄) 앞에서
일본회의 회원들이 깃발을 흔들고 있다.

일본회의(日本会議)의 정체

일본회의 공식 홈페이지에서는

"우리 일본회의는 전신 단체인 '일본을 지키는 국민 회의(日本を 守る国民会議)'와 '일본을 지키는 모임(日本を守る会)'이 통합하여 1997년 5월 30일에 설립된 전국 풀뿌리 네트워크를 갖는 국민 운동 단체입니다. 우리들 국민운동은 지금까지 메이지(明治)·다 이쇼(大正)·쇼와(昭和)의 원호(元号) 법제화 실현, 쇼와 천황 재위 60년과 현 천황의 즉위 등 황실 경사를 축하하는 경축 운동, 교육 정상화와 역사 교과서 편찬 사업, 종전 50년에 즈음한 전몰자 추 도 행사와 아시아 공생 제전 개최, 자위대 PKO 활동 지원, 전통 에 의거한 국가 이념을 제창한 신헌법의 제정 등 30여년에 걸쳐 일본의 올바른 진로를 추구하며 강렬한 국민운동을 전국적으로 전개해 왔습니다.

오늘날 일본은 혼미한 정치, 황폐한 교육, 위기 관리 결여 등 많은 문제를 안고 전도다난한 시대를 맞이하고 있습니다. 우리 일본회 의는 아름다운 일본을 지키기 위해 '긍지 있는 나라 만들기'를 구 호로 제언하고 행동합니다. 또한 우리들의 새로운 국민운동에 호응하여 국회에서도 초당파에 의한「일본회의 국회의원 간담회(日本会議国会議員懇談会)」가 설립되었습니다. 우리들은 아름다운 일본의 재건을 목표로 국회의원 여러분들과 함께 전국 방방곡곡에서 풀뿌리 국민운동을 전개합니다. 여러분의 많은 성원 부탁드립니다"

라고 소개하고 있다.

이런 일본회의가 내세운 목표로는,

1. 아름다운 전통 국체(国体)[1]를 내일의 일본으로
2. 새로운 시대에 걸맞은 헌법
3. 국가의 명예와 국민의 생명을 지키는 정치
4. 일본의 감성을 기르는 교육 창조
5. 국가의 안전을 제고하여 세계에의 평화 공헌
6. 공생·공영의 마음으로 이어지는 세계와의 우호

를 들고 있다.

---

[1] 1945년 패전까지 일본인의 사상과 생활을 구속해온 관념으로, 직접적인 연원은 에도 시대의 국학, 미토학(水戸学) 등의 존왕 사상(尊王思想)에 있다. 국체란 법적으로 천황이 통치권을 총람하는 국가 체제라고 하며, 사상적으로는 교육, 도덕, 역사, 문화 각 방면에서 존왕 사상과 겹치고 있다.

위에서 살펴본 대로 일본회의는 작년에 설립 20주년을 맞았다. 그간 넘치는 의욕과 정열에도 불구하고 일본회의는 낮은 인지도로 주목 받지 못했다. 그랬던 일본회의가 최근 주목을 받기 시작했다. 2006년 제1차 아베 내각 때부터 숙원이었던 '교육 기본법'이 개정되고, 자민당과 밀접한 관계를 맺었기 때문이다. 그 후 2009년 민주당 정권 붕괴 과정에 적잖은 활동을 해온 점, 2012년 총선을 통한 제2차 아베 내각의 중요한 정책들이 이 일본회의가 지향하는 사항들과 밀접하게 연계되면서부터 주목 받기 시작했다 할 수 있다.

일본회의의 구체적 활동

2007년 10월 6일 일본회의 창립 10주년 기념행사가 도쿄 빅 사이트
(Tokyo Big Sight)에서 3천여 명이 모인 가운데 성황리에 개최되었다.
이 행사에서 회장인 미요시 도오루(三好達, 현 일본회의 명예회장, 전 대
법원장)는 이런 말을 한다.

> "일본을 지키는 모임(日本を守る会)및 일본을 지키는 국민회의(日
> 本を守る国民会議)의 역사를 이어 '일본회의'와 '일본회의 국회의원
> 간담회'가 설립된 것이 1997년입니다. (중략) 10년간 일본회의 활
> 동을 되돌아보면 그 성과에는 주목할 만한 것이 있음을 자부합니
> 다. 주요한 것만 예를 들어보면, 국기 국가법(国旗国歌法) 제정을
> 위한 국민운동을 전개하여 법 제정에 크게 기여하고, 가정의 소
> 중함과 가족의 일체감을 약화시킬 염려가 있는 부부별성제(夫婦別
> 姓制)를 용인하는 제도와, 우리나라의 주권에 관계되는 큰 문제인
> 외국인 참정권 제도 도입을 저지해 왔습니다. (후략)"

> "나아가 재작년 종전 60주년에는 종전의 날인 8월 15일에 야스쿠
> 니 신사(靖国神社) 20만 명 참배 운동을 추진하여 목표를 달성하였

고, 작년은 여계(女系)에 의한 황위 계승을 용인하려 하는 황실전범(皇室典範) 개정을 저지하기 위해 '황실의 전통을 지키는 일만 명 대회'를 기획하여 여러분의 절대적인 찬동과 협조 속에 목표치를 넘는 사람들이 집회에 참가하여 일본 무도관을 가득 채웠습니다. (후략)"

"그중에서도 강조하고 싶은 성과는 작년 말의 교육 기본법 개정입니다. 일본회의는 어떻게 해서든 전후 교육에 종지부를 찍어야 한다고 오랜 기간에 걸쳐 교육 기본법 개정을 비롯한 교육개혁에 운동의 중점을 두어왔습니다. (중략) 우선 전후 교육을 바로잡는 교육개혁을 이루고, 국민을 바로잡아 헌법 개정을 이루겠다는 것이 나의 지론입니다. 작년 말 교육 기본법 개정이 실현되고 올봄 교육 3법이 개정되었습니다. 국민 투표법도 성립되었습니다. 아직 갈 길은 멀지만 헌법 개정을 위한 기반이 착착 다져지고 있으며 앞길에 밝은 빛이 보이기 시작했습니다. (후략)"

또한 2013년 4월 7일, 도쿄 지요다(千代田) 구에서 일본회의 간부와 회원 600여 명이 모인 총회에서 미요시 회장은 인사말 모두에서 "우리 운동의 큰 성과 중 하나는 뭐니 뭐니 해도 작년 12월의 총선 결과입니다. 자민당이 300석에 육박하는 압도적 승리를 거두었고, 그 결과 아베 정권이 탄생했습니다"라며 아베 정권 탄생에 일본회의가 큰 역할을 했음을 시사했다.

이어서 "아베 내각의 각료를 비롯하여 부대신, 정무관, 또 관저의 주요 포스트, 나아가 자민당의 주요 간부들 중에는 우리와 뜻을 같이 하는 일본회의 국회의원 간담회에 가입한 국회의원이 대거 기용되었다"며 감회에 젖는다. 또한 "일본회의가 힘을 결집하여 실현해야 할 과제로 헌법 개정이 있다. 이를 이루지 않고는 우리나라의 장래는 없다"며 개헌에 대한 강한 의지를 드러내고 있다.

미요시 회장은 현행 헌법의 최대 결함으로 '국가 방위를 소홀히 하고 있는 점'을 들어, 헌법을 개정해 국방군을 보유해야 한다고 역설한다. 이를 실현하기 위해서는 교육을 통해 '국민 의식을 개혁'해야하는 데까지 나아간다. 교육 문제와 관련된 일본회의의 이러한 실적에 대해 "예전부터 일본회의는 점령 하에 제정되어 시행된 구 교육 기본법의 개정을 위해 오랜 기간에 걸쳐 조직적으로 힘을 다해 왔습니다. 그 결과 '애국심'을 삽입한 교육 기본법 전면 개정이 이루어진 것이 제1차 아베 내각 때였습니다"라고 회상한다.

일본회의 회장의 인사말에서 보듯이, 일본회의의 주요 활동은 이렇다. 이는 구체적 최종 목표인 헌법 개정을 위한 절차의 하나인 '국민 투표법'을 제정한 것을 비롯하여(2007년), 국민 정신교육을 철저히 하려는 의도를 담은 '교육 기본법' 개정(2006년), 국기 국가법 제정(1999년), 부부별성제 도입 반대, 외국인 참정권 도입 저지 등 다방면에 걸쳐있다. 2015년 큰 소용돌이 속에서 성립된 '집단적 자위권 행사 용인'이라는 각의 결정도 사실은 일본회의가 추진해 온 목표의 하나인 '5. 국가의 안전을 제고하여 세계에의 평화 공헌'과 완전히 일치하는 사항임은 두말할 필요가 없다.

미요시 현 일본회의 명예회장은 대법원(일본명은 '최고 재판소') 장관을 지닌 법조계의 거두였다. 이런 우익 성향 인물이 오랜 기간 법조계의 원로로 군림하면서 일본의 사회규범과 국가 정체성을 결정하는 판결을 내려왔다는 사실도 곰곰이 생각하면 특이한 현상이다. 판사가 특정한 사상이나 정치 성향을 갖는 것 자체는 문제가 될 수 없겠다. 하지만 온갖 판결에서 판사 자신의 이념이나 정치 성향이 판결에 영향을 미칠 수 있다면, 미요시 같은 우익 인사가 오랫동안 법조계의 수장으로 활약해왔다는 사실은 예사로운 일이 아니다.

일본회의의 전폭적인 지지와 협조를 받는 아베 정권이 장기 집권을 이어가고 일본회의가 추진하고 활동해 온 사항들이 하나씩 하나씩 달성되며, 개헌의 기반이 다져지고 있다. 헌법을 개정해 군대를 보유하고 더불어 교전권을 인정한다고 해도, 그건 어디까지나 일본 국민 스스로의 판단과 결정에 따라 기존의 평화 헌법을 포기하고 국가로서 새로운 면모를 갖추는 것이다. 이는 상식적으로 국가의 기본적 조건을 갖추려는 행위로 보는 것이 타당하다고 생각한다. 우리는 남과 북이 대치되어 있는 상태니까 징병제가 있어야 하고 당연히 군대도 보유해야 하지만, 일본은 다르다고 한다면 그건 설득력이 없다. 왜 일본은 다른 나라와 달라야 하는지에 대해 설명되지 않기 때문이다.

다만 무조건적 비판보다는 일본이 과거에 대한 반성과 개선의 노력을 게을리한 채, 오히려 전전의 사상이나 전통을 답습하며 과거로의 회귀를 꿈꾸는 듯한 움직임에 대해 냉철한 비판이 필요하다.

21세기에 웬 애국교육인가

일본회의가 자신들의 성과로 자화자찬하고 있는 2006년 12월에 전면 개정된 '교육 기본법'을 살펴보자. 개정된 현행법에서는 도덕 교육에 관하여 전문에 '공공의 정신(公共の精神)'을 소중히 한다는 조항이 삽입 되었다. 교육의 목표로서 '풍요로운 정조[2]와 도덕심을 배양한다(豊かな 情操と道德心を培う)'는 식으로 국민의 자세가 제시되어 있다.

또한 현행법에서는 애국심 교육의 일환으로 '전통과 문화를 존중 하고 그를 키워온 우리나라와 향토를 사랑함과 동시에 다른 나라를 존 중하고, 국제사회의 평화와 발전에 기여하는 태도를 키우는 것(제2조 5항)'이 들어 있다. 얼핏 문제가 없는 듯 보이지만, 문맥을 잘 살피고 용

---

2 '정조(情操)'란, 사전적 의미로는 (도덕·예술·종교 등) 사회적 가치를 갖는 복합적인 감 정으로 풀이된다. 이런 알듯 모를 듯 오묘한 말이지만, 이를 활용한 '정조교육' 개념 을 삽입한 것이 개정 교육법의 골격이 되었다. 『니포니카(日本大百科全書)』의 정의에 따 르면 '정조교육'이란 정조를 배양하는 것을 목표로 한 교육인데, 정조란 분노와 두려 움, 기쁨, 슬픔 등 일시적으로 격하게 나타나는 감정의 표현인 정동(情動, Emotion)과 는 구분된다. 정조는 진리를 추구하는 과학적(논리적) 정조, 선(善)에 공명하고 그를 추구하는 도덕적(윤리적) 정조, 그리고 미적(예술적) 정조, 종교적 정조가 있다. 즉 정 조교육이란 한 사람 한 사람의 어린이와 학생의 흥미나 관심을 존중하며 이러한 정조 를 키우고 추구하게 하는 것이라 할 수 있다. 일본에서는 학력주의를 배경으로 한 지 식 편중의 학교교육이나 종교, 전통문화에 대한 관심이 다른 나라에 비하여 미약하 다는 관점에서, 예전부터 정조교육에 대한 필요성과 발전이 한층 더 요구되어 왔다.

어와 조사 하나하나를 상세히 들여다볼 필요가 있다. 악마는 항상 디테일에 숨어 있기 때문이다.

전반적으로 과거 교육의 토대는 한 사람 한 사람을 이루는 '국민 개인의 존엄'을 존중하는 선에서 비롯된데 반해 개정 법률에서는 국가가 정하는 도덕규범에 의거, 국가가 요구하는 인간상을 국민에게 요구하는 쪽으로 개정되었다.

개정 전은 이랬다. "교육은 인격 완성을 목표로, 평화롭고 민주적인 국가 및 사회의 형성자로서, 진리와 정의를 사랑하고, 개인의 가치를 존중하며, 근로와 책임을 중시하는 자주적 정신에 충만한 심신 모두 건강한 국민의 육성"이라고. 그런데 개정 법안은 "교육은 인격 완성을 목표로, 평화롭고 민주적인 국가 및 사회의 형성자로서, 필요한 자질을 겸비한 심신 모두 건강한 국민의 육성(제1조)"으로 개정되기에 이르렀다.

'진리와 정의를 사랑하고, 개인의 가치를 존중하며, 근로와 책임을 중시하는 자주적 정신에 충만한'은 온 데 간 데 없이 자취를 감췄다. 대신 국가 및 사회의 형성자로서 '필요한 자질을 겸비'한 국민의 육성이라는 가치관이 전면에 나선 것이다. '개인의 가치'와 '자주적 정신'이 아닌, 국가 및 사회의 형성자로서 '필요한 자질을 겸비'한 국민을 육성한다는 교육목표로 바뀐 것이다. 우려되는 대목이다.

제2조 '교육의 목적'을 보면 더욱 심각하다. "전통과 문화를 중시하고 이를 키워온 우리나라와 향토를 사랑함과 동시에 다른 나라를 존중하고 국제사회의 평화와 발전에 기여하는 태도를 키울 것(제4항)'이라 기술하고 있다. 조문 자체는 전혀 문제가 없어 보이나 '애국심'이 은

일본의 전통적인 민속신앙과 자연신앙을 기반으로 형성된 토착 종교인 '신도(神道)'는 전국 어디서나 사진과 같은 풍경이고 다신교적 성격을 띤 전통 종교로서 문제될 것이 없다. 그러나 메이지 유신 이후 제국주의 사상을 강화하며 국가 신도 체제로 편입되어 전쟁을 수행하는 과정에서 신도가 정신적 사상의 기반이 되었던 전전의 과거로부터 자유롭지 못하다.

연중에 포함되어 있음을 알 수 있다. 애국심 자체를 갖는 것이 무슨 문제가 될 것인가. 그러나 국가가 법 제정을 통해 이것을 강요한다면 얘기는 많이 달라진다.

　필자도 애국심을 강요받던 기억이 있다. 초등학교(당시는 국민학교) 다닐 때 결코 짧지 않은 '국민 교육 헌장'을 토씨 하나 틀리지 않고 줄줄 외고, 국기를 내릴 때 애국가가 울려 퍼지면 가던 길을 멈추고 숙연히 가슴에 손을 얹은 채 국기를 향해야만 했다. 국기에 대한 맹세도 암송해야 했다. 젊은 세대에겐 호랑이 담배 피우던 시절의 얘기로 들릴지도 모르겠다. 게다가 고교 시절에 군사훈련 과목까지 있어 교련복을 입고 플라스틱 소총을 들고 군대를 방불케 하는 병영 교육을 받아야 했다. 물론 대학에서도 교련 과목 이수는 선택이 아니라 필수였다.

　정부 주최 행사야 당연하다 치더라도, 민간 차원의 온갖 행사에서 의당 '국민의례'가 행해지는 한국 사회에서 보면 기이하게 보일지 모르겠다. 일본 사회는 조금 달랐다. 필자가 근무하는 사립대학의 경우, 입학식과 졸업식엔 일장기(日章旗)와 교기(校旗)가 계양된다. 그러

나 국기에 대한 경례나 기미가요(君が代, 일본의 국가) 제창 같은 '애국적'인 의식은 일체 없다. 물론 1999년 '국기 및 국가에 관한 법률(국기국가법, 国旗国歌法)'이 제정되어 공립학교 등의 교육기관에서는 히노마루(日の丸, 일장기)에 대한 경례와 기미가요 제창이 의무화되어 있다.

이는 전전의 일본이 '교육 칙어(教育勅語)'[3]에 의거, 천황을 정점으로 전체주의적 국민교육과 함께 '신토(神道)'라는 토착 종교를 국가 신도 체제로 편입시킴으로써 전쟁의 광풍으로 몰고 간 전전 교육 체제에 대한 반성에서, 전후 교육에서 배제되거나 경원시되어 온 것들이다.

'애국심'에 대한 일본인들의 생각과 반응은 진보와 보수가 상이하게 엇갈린다. 진보는 현재의 평화 헌법을 수호하고자 하는 '호헌'의 입장이고, 전전의 전체주의적 교육에 대한 반성으로 '전체'가 아닌, '개인'의 존엄을 존중하는 교육 방침을 지지해 왔다. 이에 반해 보수는 현행 헌법은 점령군에 의해 '강요된' 헌법이니 일본 스스로가 만드는 자주 헌법으로 개정해야 한다는 '개헌'을 주장한다. 전후 교육은 '자학 사관(自虐史観)'에 의거한 교육이므로 이를 재고해야 한다는 입장이다.

---

3 정식 명칭은 '교육에 관한 칙어(教育ニ関スル勅語)'이며, 메이지 천황에 의해 국민에게 하부(下付)된 국가주의적 교육 이념을 나타내는 칙어로 1890년 공포되었다. 칙어란 정치, 행정 등에 관한 의사 표시로서 전달되는 천황의 '말씀'을 문서로 정식화하여 공표한 것을 말한다. 메이지 신(新)정부는 일단 '대일본제국헌법(大日本帝国憲法, 메이지 헌법)'의 제정으로 외관상 입헌군주제를 도입하였으나, 내실을 전통적인 충효(忠孝)·존황(尊皇) 애국주의로 채우려는 의도로, 교육 특히 도덕의 기본을 칙어라는 형식으로 권위를 갖게 하였다. 충효 사상 등이 유교적 덕목으로 나열되어 있었으나, 그 내용은 전부 천황 중심주의로 집약된다. 이 칙어는 천황과 황후의 사진과 함께 소학교를 비롯한 각 학교에 배부되어 축일 등의 의식에서 봉독되었으며, 학생 및 교육 관계자에겐 절대적 신봉이 강요되었다. 일반 국민에게도 모든 사상과 신앙을 초월하는 국민 교화의 근거가 되었다.

이세진구 내궁에 있는 아마테라스 오미카미(天照大神)가 모셔져 있다는 사당. 평일임에도 불구하고 이곳을 찾는 일본인들의 발길이 이어진다.

이런 교육 방침을 둘러싼 이해와 해석의 차이에도 불구하고 교육 기본법은 1947년 제정되어 전후 일본 교육의 기본 이념과 토대를 구축해왔다. 그러나 고이즈미와 아베 정권에 이르러선 전후 교육의 재고라는 명목하에 전면 개정이 이루어진다. 즉 아베가 주창하는 '전후 체제로부터의 탈각'이 마치 전후를 관통해 온 이러한 교육 이념이나 가치관으로부터의 탈피인 듯, '애국심'의 고취를 강조하는 새로운 교육 방침으로 복구되기에 이른다.

거듭 얘기하지만 '애국심' 자체야 문제될 것이 없다. 이번 개정안에서 새롭게 '국가를 사랑하는 태도' 등의 덕목을 열거하는 것으로 그 '목표 달성'을 강요하니 문제가 된다. 특히 교직원은 물론, 학생들에게 "학교에서는 교육목표가 달성되도록 (중략) 체계적인 교육이 조직적으로 이루어져야 한다(제6조)"고 의무화하고, 그것도 매우 구체적으로 명기되어 있다.

나라를 사랑하는 '태도를 기른다(態度を養う)'는 표현을 예로 들어 보자. 이전에는 추상적인 개념에 불과했던 '애국심'이 태도 여하에 따라 그 달성도가 평가의 대상이 된다. 이미 애국심을 ABC 단계로 평가하는 통지표가 지방 초등학교에서 나누어졌음이 밝혀져 파문을 일으키기도 했다.

또한 개정된 교육 기본법에 나열된 '애국심'을 비롯한 '덕목' 자체도 언뜻 보면 무슨 문제가 있겠나 싶다. 그러나 '덕목'이라는 것이 법률의 목표로 설정되어, '달성'이 의무화된다면 얘기는 달라진다. 정권의 의지에 따라 특정한 가치관을 어린이나 학생들에게 강제할 수 있게 된 다는 점이다. 이는 헌법이 보장하고 있는 사상과 양심의 자유를 침해 할 여지가 충분하기 때문이다.

2018년 3월 28일자 아사히(朝日)신문을 한번 보자. 2018년 봄부 터 사용되는 중학교 도덕 교과서 검정에서 8개사가 합격했다. 그 교과 서에는 학생이 '애국심' 등의 항목을 수치와 기호를 사용하여 자가 평 가하는 항목이 게재된 것도 있다. 급기야 전문가들로부터 우려의 목소 리까지 나오고 있다.

교육 기본법 개정 당시 마치무라 노부다카(町村信孝) 문부과학대 신이 한 텔레비전 대담에서 한 말을 되새겨보자. 전후의 교육 기본법 하에서는 이세진구(伊勢神宮)[4]에 학생들을 참배시키는 학교가 줄었다 고 언급하며, 닛쿄소(日教組)[5]가 잘못된 교육을 한 탓이라며 강하게 비 난했다. 황실의 신사인 이세진구로 대표되는 신토(神道)를 타 종교와는

---

4 일본 황실의 조상신인 아마테라스 오미카미(天照大神)를 모시는 신사다. 미에현(三重 県) 이세(伊勢)에 위치하고 있다. 전전 신토(神道)를 지배 이데올로기로 삼던 국가 신도 체제에서 천황 가의 조상신을 모시고 있는 이세진구는 전국 신사 중 최고로 치는 각 별한 곳이었으며, 지금도 전전으로 회귀를 꿈꾸는 우익 세력들에게는 최고의 성지 로 불리는 곳이라 하겠다.

5 '일본 교직원 조합'의 약칭. 일본 전국 학교의 교사와 교직원들이 결성한 노동조합 연 합체. 노동조합 연합체로서는 일본 최대 조직으로 1947년에 설립되었다. 이 조직이 내걸고 있는 기치는 '교육의 민주화', '연구의 자유 획득', '평화와 자유를 사랑하는 민 주국가 건설을 위해 단결'할 것을 주장하고 있다. 한때는 90%에 가까운 가입률을 기 록했으나, 2018년 3월 현재는 22.9%를 기록하고 있다. 닛쿄소는 기미가요 제창, 히 노마루 게양 등을 강요하는 정부의 애국심 교육에 반대하는 등 진보적인 성향을 띠 어 왔다. 이는 당연히 보수 우익 세력의 비난과 타도 대상으로 공격 받는다.

차별된 '우리의 전통과 문화'로 간주하고, 당연히 학생들을 참배시키려고 하는 의도가 엿보인다. 이는 헌법에 규정된 '정교 분리(政教分離)'와도 배치되는, 다분히 문제를 일으킬 수 있는 사항이다.

이는 일본 국민 전체를 황국의 신민으로 규정하며, 국민 전체를 침략 전쟁으로 몰고 간 '국가 신도 체제(国家神道体制)'의 재현이라는 의구심을 불러일으킨다. 이 또한 일본회의가 추구하고 요구하는 국가관의 정립을 위해 개정된 사례라 볼 수 있다.

이처럼 각종 법 제정과 개정을 통한, 일본회의가 목표로 하는 국가관과 이념이 하나씩 하나씩 실적으로 드러나는 것이다. 이는 거의 모두 아베 정권을 통하여 이루어지고 있다. 아베가 재기하며 내걸었던 슬로건인 '아름다운 일본을 되찾는다(美しい日本を取り戻す)'라는 것이 결국 일본회의가 추구하는 국가상과 일맥상통하고 있음을 보여준다.

아베는 일본회의라는 확고한 지지 세력의 확보와 함께 개헌을 위한 여론 조성의 행동 부대로 일본회의의 활동에 기대를 건다. 반면 일본회의는 자신들의 원하는 정책을 아베 정권을 통해 실행에 옮기며 자신들이 꿈꾸는 나라를 만들어 간다는 상부상조의 관계를 형성하고 있다.

일본회의와 정치가들의 밀접한 관계

이런 일본회의를 전폭 지원하고 단결하기 위해 설립된 것이 '일본회의 국회의원 간담회'다. 우연인지, 이 간담회는 일본회의가 정식으로 출범하기 바로 하루 전인 1997년 5월 29일 설립된다. 설립 당시에는 자민당의 오부치 게이조(小渕恵三), 모리 요시로(森喜朗) 등 총리급 정치가를 중심으로 야당 의원도 합류한 '초당파' 조직으로 발족 시 189명에 달했다. 그 후에도 회원 수는 더욱 늘어 일본회의가 내세우는 정치 목표를 차근차근 실현해 나가는 '기동부대'와 같은 역할을 담당한다.

2016년 5월 4일자의 마이니치 신문을 참고하면 현재 일본회의 회원 수는 약 3만 8천명이고, 일본회의 국회의원 간담회에는 당파를 초월한 300여 명의 국회의원(전 국회의원의 42%)이 소속되어 있다. 2016년 현재, 이 단체의 회장은 히라누마 다케오(平沼赳夫) 자민당 의원이며 아베 수상은 특별 고문의 직위에 있다. 2014년 4월, 아베 수상과 함께 아소 부수상이 특별 고문이며, 자민당의 다니가키 사다카즈는 고문, 이시바 시게루는 상담역이며 고이케 유리코는 부회장이다. 전·현직 수상을 포함하여 차기 수상으로 물망에 오르는 정치가들도 이런 일본회의 같은 우익 집단과 직·간접적 관계를 맺고 있다. 실은 우려되는 부분이다.

또한 일본회의 설립 10주년에 해당하는 2007년 10월에는 일본회의 소속 지방의원(도도부현 의원, 시정촌(市町村) 의원)으로 구성되는 '일본회의 지방의원 연맹'이 출범한다. 이 조직은 각 지방의회 결의를 통해 일본회의를 지방에서 지원하는 역할을 담당한다. 2015년 4월 현재 지방의원의 회원 수는 1,632명이다. 2016년 현재 일본의 도도부현과 시정촌의 지방의회 의원 수가 총 33,500여 명인 것을 감안하면 그 수는 아직 미미하다고 할 수 있다. 그러나 최근 외국인 참정권 부여 반대를 결의하는 지방의회가 늘고 있다. 또한 일본회의와 직·간접적으로 연결된 지방의회 의원의 수도 증가할 것으로 예상된다.

일본회의와 함께 아베 정권을 떠받치고 있는 또 다른 조직이 있다. 다름 아닌 '신도 정치 연맹(神道政治連盟)'이다. 아베 수상을 비롯한 현 각료들 중에는 일본회의 국회의원 간담회 외에도 다양한 의원 연맹 등에 소속되어 있다. 주요 단체를 보면 '신도 정치 연맹 국회의원 간담회', '모두 함께 야스쿠니에 참배하는 국회의원 모임', '일본의 앞길과 역사 교육을 생각하는 의원회', '창생 일본' 등 우익 성격의 단체들로 참 다기다양하다.

그중 특히 정치적으로 중요한 영향력을 갖는 단체가 아베 수상 스스로 회장을 맡고 있는 '신도 정치 연맹 국회의원 간담회'다. 2016년 10월 현재 아베 정권의 각료 20명 중 아베 수상을 포함해 85%에 이르는 17명이 이 간담회에 속해 있다.

신도(神道) 역시 종교로서 기능하는 점이 무슨 문제가 되겠는가. 그러나 일본의 경우 과거 국가 신도 체제에서 전쟁을 일으키고 이를 일사불란하게 수행한 전과가 있는 만큼, 단순한 종교로서의 '신도(神

道)'와 국민 동원 체제인 '국가 신도(国家神道)'와는 엄연히 구별되어야 한다.

지금까지 살펴본 이런 일련의 현상들은 일본 사회가 스스로 청산하지 못한 과거 역사의 음습한 그늘 아래에서 벗어나지 못한 결과이다. 그러니 기괴한 내셔널리즘이라는 독버섯이 끈질긴 생존 본능을 갖추고 그 정체를 서서히 드러내고 있는 셈이다.

제11장

포스트 아베와 향후 일본 정치

아베 수상의 사학 스캔들 문제가 잊힐 만하면 사람들 입에 오르내리고 있다. 사실 모리토모 학원과 카케 학원으로 대표되는 사학 스캔들에 얽힌 의혹은 작년 10월 해산 총선거에서 아베가 압승을 거두며 수그러들 것이라 예상됐다. 그러나 재무성 직원에 의한 공문서 위조 사실을 비롯한 새로운 의혹들이 제기되면서 사학 스캔들에 얽힌 불씨가 되살아나 아베 정권을 궁지에 몰아넣었다.

　　사학 스캔들로 혼란스러운 일본 정국을 보도하는 언론은 금방이라도 아베 정권이 붕괴될 것처럼 요란을 떨었다. 그러나 필자는 애초부터 사학 스캔들로 인해 정권이 무너지거나 아베가 수상에서 물러나는 일이 없을 것이라고 생각했다. 제2차 아베 내각 성립 후 약 5년간 이루어진 정국 운영을 보면서 어떻게든 위기를 헤쳐 나갈 것이고, 또한 자민당 내의 아베 정권에 대한 자정 능력이 전무하다고 판단했기 때문이다. 즉 자민당 내에서 아베 정권에 대놓고 '노(No)'라고 딴지를 걸거나 문제 제기를 할 수 있는 세력도 존재하지 않는 데다 그를 허용하는 구조는 더욱 아니었다.

　　그러나 아베 정권은 사학 스캔들에 일부 부정한 사례가 있었다고 시인하면서도, 그 책임을 전적으로 관료 조직에 넘기는 식으로 책임을 모면하며 '모르쇠'와 '버티기'로 일관해 왔다. 전형적인 도마뱀 꼬리 자르기 식이었다.

한때 내각 지지율은 추락을 거듭했다. 그러나 아베 정권에 대한 여론의 비판 수위가 극에 달하고 지지율도 급락하는 시기에도 정권 퇴진을 요구하는 국회 앞 시위대는 생각보다 미미한 수준에 불과했다. 언론은 아베 내각의 지지율 하락을 연일 대서특필하며 호들갑을 떨었지만, 정작 시민사회의 반응은 냉랭하기만 했다. 결국 국회에서의 추궁도 지지부진한 채 시간만 흘러갔다. 이젠 사학 스캔들에 대한 공방과 논쟁이 진부하게 들릴 뿐이다. 이런 현상을 어떻게 보아야 할까.

필자는 강의 시간에 학생들과 사학 스캔들을 둘러싸고 벌어지고 있는 상황에 대해 토론을 벌이곤 했다. 여야 공방과 정권 퇴진 요구 움직임에 대해 십중팔구 '나하고는 상관없는' 일이라고 밀쳐둔다. 또한 사학 스캔들을 둘러싼 의혹은 사실이지만 그게 수상이 퇴진할 정도의 문제냐고 반문하는 학생도 더러 있다. 오히려 그보다 급변하는 한반도 정세에도 안방에서 정쟁에만 몰두하는 것에 대해 우려한다. 즉 정치권과 시민사회, 그리고 유권자들 간의 괴리가 두드러지고 있는 것이 현재 일본의 상황이다.

지금까지 펼쳐진 아베 정권 퇴진 여론과 일련의 움직임도 결국 정권과 언론 간의 대결일 뿐이라는 극단적인 시각도 있다. 시민사회는 의외로 냉랭해 '강 건너 불구경'을 하는 듯한 인상이다.

수상을 국민이 직접 뽑지 않는 의원내각제의 특성 때문일까. 내가 직접 뽑은 수상이 아니기에 나하고는 상관없다는 오불관언의 태도를 취하는 건지, 의아할 뿐이다. 만일 이런 시민사회의 냉소적인 시각의 원인이 정말 나하고는 상관없다는 식의 인식에서 출발한다면 얘기는 달라진다. 의원내각제가 갖는 대의(代議) 민주주의의 심각한 결함을 드러내고 있다고 생각하지 않을 수 없다.

향후 아베 정권의 향방

올봄까지 필자는 아베 정권의 향후에 대해서 다음과 같이 예상했었다.

지금 상황에서 아베 정권의 운명을 예측한다는 것은 출중한 예지력의 점술가라도 불가능하다. 조만간 지병을 이유로 수상직을 사임할 가능성도 있고, 시간 끌기를 하여 9월 총재 선거까지 버틴 후 선거에는 출마하지 않고 스스로 퇴진하는 경우도 있을 수 있다.

또는 버티기로 일관하는 동시에 미국, 한국 등과의 정상 외교를 발판으로 북한과의 관계에서 외교적 성과를 내며 일본인 납치 문제 등 국민의 감성을 자극할 수 있는 문제를 전면에 내놓아 사학 스캔들을 잠재울 수도 있을 것이다. 아니면 그 여세를 몰아 마지막으로 국민에게 헌신할 기회를 달라고 읍소하며 총재 3선에 도전할 수도 있다.

더 나아가 가능성은 거의 없지만 이판사판으로 9월 총재 선거전에 헤쳐 모여 식의 중의원 해산 총선거를 들고 나올 수도 있다. 이처럼 아베가 선택할 수 있는 카드는 실로 다양하다. 어떤 국면을 맞게 될지 한치 앞을 내다보기 힘든 것이 지금 일본의 정치 상황이다.

이제 자민당 총재 선거를 약 한 달여 앞두고 있는 8월의 시점에서 형세를 정리해 봐야겠다.

앞서 언급한 몇 가지 시나리오 중, 이 시점에서는 세 번째 시나리

오 쪽으로 정국이 움직이고 있다. 즉 아베가 사학 스캔들을 꼬리 자르
기 식으로 대처하며 버티기로 일관한 결과 여론과 야당의 비난 강도나
위력이 현저히 떨어진 상태이다.

　오히려 국민들은 이제 그만하자고 식상해하고 있는 듯한 분위기
다. 아베 정권에 비리가 있는 것 같기는 하지만, 약 2년간 밀고 당기는
공방을 펼쳤으니 이젠 그 정도에서 접자는 분위기다. 상대적으로 소
홀했던 안보와 외교, 경제, 내수 등 급한 현안이 산적해 있지 않느냐는
여론이 스멀스멀 피어오른다.

　이런 여세를 몰아 기사회생한 아베는 3선에 나설 것이 확실해지
고 있다. 이미 경쟁자로 주목받던 기시다는 총재 선거 불출마 선언과
함께 아베 3선 지지를 천명하고 나섰다. 이시바가 대항마로 총재 선거
에 나설 것으로 예상되지만 지금의 형세로는 중과부적이라 생각된다.
즉 아베의 3선이 시야에 들어오고 있는 것이 현재의 판세이다.

　그러나 만일 이번에 아베 정권이 막을 내리더라도 향후 일본 사회
가 지향하는 방향은 어디고, 정치권은 또 어떤 항해사를 맞아 일본 호
를 이끌 것인가? 한 가지 확실하게 말할 수 있는 것은, 이는 자민당의
'총재'가 바뀌는 것이지, 여야가 뒤바뀌는 '정권 교체'를 의미하는 것은

결코 아니라는 점이다.

그럼 여기서 향후 일본 정치와 시민사회가 어떤 방향으로 움직이게 될지 정리해 보도록 하자.

우경화는 계속 진행 중

지금까지 일본의 우경화 현상을 두루 살펴봤다. 그러나 우경화라고 해도 그 기준은 존재하지 않는다. 즉 주관적인 관점에 의해 우경화의 정의나 잣대도 바뀔 수 있다는 의미이다. '우경화(右傾化)'라는 용어 자체가 이미 완결된 상태를 의미하는 게 아니고, '진행' 중인 과정을 의미하는 '화(化)'라는 접미사가 붙어있음을 확인할 필요가 있다.

우경화에 대해서는 관점에 따라 서로 다른 이론이 있을 수 있겠지만, 과거에 비해 일본 사회가 많이 변했고, 지금도 바뀌고 있는 건 부인할 수 없는 사실이다. '개별적 자위권'만 인정하던 정부 입장이 '집단적 자위권' 용인으로 무력 행위가 가능해진 것, 헌법 제정 70주년을 맞아 현행 헌법은 점령군에 의해 '강요된' 헌법이니 '자주 헌법'으로 바꾸어야 한다는 개헌론자들의 주장이 점차 힘을 얻고 있는 현상 등이 좋은 예다.

저출산, 고령화가 고착되면서 야기된 경제활동 인구 감소의 위기를 극복하기 위해 다른 아시아 국가에서 근로자를 받아들이는 개방 정책을 적극적으로 펼치는 동시에, 다른 한편으로 특정 국가와 특정 민족을 배척하는 헤이트스피치가 기승을 부리는 내셔널리즘이 날뛰는 등 실로 다양한 분야에서 변화의 바람이 일고 있다.

필자의 생각으로 일본은 머지않은 장래에 개헌이 이루어질 것이다. 그 시점이 아베 정권, 포스트 아베 집권기일지는 모른다. 필자가 일본 생활을 시작한 1990년대 초 일부 보수 우익에서나 나오던 개헌 논의가 이제는 찬반이 대등한 상황으로까지 바뀌었다. 개헌론자들의 꾸준한 노력과 처음부터 개헌을 주장하며 정권을 잡은 아베의 장기 집권에 따른 결실로 보인다. 앞에서도 소개한 '나시쿠즈시(済し崩し)'적 개헌 과정이 치밀하게 진행되고 있다.

어떤 내용을 담은 개헌이 될지는 아직 정확히 모른다. 또한 개헌을 하더라도 일본 국민이 선택한 결과이니 이웃 나라에선 왈가왈부할 사항도 아니다. 개헌을 기정사실로 받아들이고, 세계대전을 일으킨 전과가 있는 과거의 군사 강국이 70년 이상 채워진 족쇄를 풀고 다시 등장하는 현실적인 위협을 생각할 때이다. 미국의 핵우산(核雨傘, 핵무기 보유국의 핵전력에 의하여 국가의 안전보장을 도모하는 것)에 안주하며 자국의 안보를 유지할 일본은 결코 아니다.

아베가 사학 스캔들의 여파로 자민당 총재 3선에 실패하고 수상직에서 내려올 가능성도 있다. 그렇다고 아베가 물러나면 우경화가 멈출 것이라는 기대 또한 어리석은 생각일 뿐이다. 이미 정치의 우경화 또는 국수주의적 경향은 비단 일본에 국한된 것이 아닌 세계적인 추세이다. 더구나 트럼프가 집권하며, 미국 우선주의를 고수하는 외교정책으로 일본 외교의 정책 기조 수정이 불가피하게 되었으니 각자도생 차원에서 일본도 우경화를 가속시킬 수 있다고 본다.

아베가 3선에 성공한다면 임기 중인 2020년 도쿄 올림픽을 전후한 시점에 개헌을 시도할 가능성이 크다. 이제 자신에게 주어진 시간은 3년 뿐이라는 강박과 초조감에 지금까지 추진해 온 헌법 개정이나 우경화 행보에 박차를 가할 가능성도 크다.

그리 된다면 그동안 아베 정권의 독선적인 국정 운영이 비난받아 온 것을 감안하면 그 정도가 더 심해질 것이다. 향후 아베 정권의 독선과 오만은 한층 기세를 떨칠 것이다. 설령 아베가 집권하는 동안 개헌이 이루어지지 않더라도 자민당이 정권을 유지하는 한 포스트 아베에 의해 개헌이 이루어질 것이다.

누가 수상이 되든 일본회의 같은 우익 단체와 밀접하게 연계된 자민당의 권력 구조와 정책 기조는 크게 바뀌지 않을 것이다. 더구나 일본의 우경화 흐름에 알게 모르게 자양분을 제공한 북한이 변화를 꾀하고 있다. 한반도 정세도 하루가 다르게 급변하니 일본의 정책 기조도 바뀔 수밖에 없는 형국이다.

한국과 미국의 정상이 김정은과 회담을 갖고 평화적 관계 구축을 모색하는 과정에서 소외되고 있는 일본은 한국과 협조적 관계 강화를 원하거나, 아니면 '저팬 패싱(Japan passing, 한반도 관련 이슈에서 일본이 소외된 채 주변국끼리 논의하는 현상)'이라는 난국을 타개하고자 독자적인 행보도 서슴지 않는 움직임이 있을 것으로 예상된다. 이처럼 일본도 변하지 않을 수 없는 상황이 되고 있다.

따라서 싫든 좋든 이웃으로 살아야 하는 한국으로서는 일본의 변화 방향이 한국과 우호적인 관계로 향할 수 있도록 다양한 분야에 걸쳐 공조 관계를 유지하는 것이 필요하다. 미운 자식 떡 하나 더 준다는 말이 있지만 자칫 일본이 고립과 소외감에 빠져 이를 빌미로 우익 세력들의 허무맹랑한 준동이 힘을 얻어 발호하지 않도록 한국 정부가 관심을 갖고 협조하는 노력을 아끼지 말아야 한다고 감히 제언하는 바이다.

글을 마치며

한국인은 일본에 대해 복잡한 감정을 갖는다. 필자도 30년 가까이 일본에 살면서 아직도 희석되지 않은 껄끄러운 감정을 느낄 때가 있다. 유학을 시작한 1990년대 초만해도 한국인들은 통상 일본에 대해 '반일(反日)' 보다는 '극일(克日)'과 '지일(知日)'을 얘기하며 어느 정도 온건한 목소리를 냈던 것으로 기억한다.

그러나 1990년대 이후 일본은 장기 불황에 빠져들며 전반적으로 활력을 잃었다. 반면 한국 사회는 산업화와 민주화 양면에서 괄목할 만한 성장과 변화를 이루어 왔다. 양국 간 입장이 뒤집힌다. 과거 일본을 보던 시선에 변화가 일며 다양한 차원에서 일본을 바라보기 시작한다.

지금은 '극일'이나 '지일' 보다는 '반일' 감정이 더 크게 드러나는 것 같다. 물론 이는 한일 양국의 언론이 앞장서서 부추기는 현상일 수도 있겠다. 언론은 자극적인 기사를 부각시키는 경향이 있기 때문이다. 그런 제반 현상의 변화에도 양국 간 민간 교류는 색다른 계기를 맞고 있다.

일본 텔레비전의 한국 관련 방송에는 부정적인 보도가 많다. 위 사진은 박근혜 정권 탄핵 직전에 방영된 역대 한국 대통령들의 비리를 소개한 방송의 일부이다.

작년 한 해 일본을 찾은 한국인이 무려 710만 명을 넘어섰다.

반면 일본은 과거 차관 공여 및 기술 이전 대상국, 또는 OEM 방식의 주문 생산국으로 한 수 아래로만 여기던 한국이 시나브로 자신들의 영역을 넘보는 걸 알게 되었다. 자신들의 아성이 침범된 사실을 깨달았을 때 일본인들은 놀라움과 당혹감에 휩싸였다.

게다가 한류가 안방까지 파고 들어왔다. 이제 일본 가정에서도 한국 텔레비전 프로그램을 흔히 볼 수 있다. 텔레비전을 켜면 쉽게 한국 드라마를 접할 수 있고 케이팝은 시도 때도 없이 흘러나온다. 이자카야나 편의점, 가정에선 김치가 자연스레 놓이게 되었다. 필자가 일본에 첫발을 내디뎠을 때와 비교하면 실로 격세지감이다.

또한 중국의 성장이 눈부시다. 어느새 국내총생산(GDP) 순위도 추월 당하여 오랫동안 지켜온 세계 2위 경제 대국의 자리를 내어주며 자부심에 상처를 입었다. 더구나 중국은 비약적인 경제성장으로 국제적 위상이 높아지고 이에 따른 영향력도 상당히 커지고 있다. 그에 비해 일본은 1990년대 이후 장기간의 불황과 뒤이은 '잃어버린 20년'으로 저출산 및 고령화 현상이 고착화됐다. 게다가 최근 일본은 지진, 태풍, 화산 폭발을 비롯한 온갖 자연재해가 끊이질 않는다. 자연히 일본인들은 정신적·사회적 공황을 겪는 일이 잦아졌다. 일본 사회 전체가 역동성을 갖지 못하고 가라앉는 분위기다. 동시에 영향력이 컸던 동아시아에서의 존재감도 떨어져 갔다.

메이지 유신을 통해 동아시아의 맹주를 자처하며, 한국과 중국의 근대화를 견인했다는 영화(柴華)는 온 데 간 데 없다. 상처 난 일본의 자존심의 불똥은 엉뚱한 곳으로 튄다. 일본 서점에선 한국이나 중국을 폄하, 비방하는 '혐한(嫌韓)·혐중(嫌中)서적'이 진열대 앞을 당당히 차지하며 베스트셀러가 되기도 한다. 상처받은 자존심을 위로 받고자 하는 보상심리가 저변에 깔려 있다는 것이 필자의 생각이다.

필자는 선진국 일본의 지원을 받던 개발 도상국 시절 한국에서 태어나 성장했고 성인이 되어 일본으로 건너갔다. 한국의 위상이나 존재감이 해를 거듭할수록 바뀌어감에 따라 한국에 대한 일본 사회와 일본인들의 반응을 피부로 느끼며 지금까지 살아왔다. 필자 주변에 있는 일본인들은 변화에 순응하며 현실을 있는 그대로 받아들이려는 사람들이 대부분이다. 한류에 대해서도 주저하지 않고 자연스러운 현상으로 거리낌 없이 받아들이는 모습을 보여준다. 국민 개개인 차원에선 국적에 상관없이 껄끄러운 감정을 갖지 않고 정을 나누며 살아가고 있다. 정치·외교와는 별개로 시민과 시민사회 차원에서 활발한 교류와 연계가 이뤄지는 것이 향후 한일 관계를 이끌어가는 중요한 계기가 될 것이다.

일본 학생들에게선 한국에 대한 그릇된 선입견이나 편견은 찾아보기 힘들다. 다만 한국에 관한 바른 정보와 지식이 부족하고 자극적인 미디어(특히 텔레비전과 인터넷)를 여과 없이 수용하는 과정에서 오해와 편견을 낳을 수도 있다. 그런 의미에서 양국의 언론이 '반일'과 '혐한'을 오히려 부추기는 일은 지양되어야 할 것이다.

그러나 상황이 변한 것을 애써 감추고 외면하려는 세력이 있다. 흔히 말하는 국수주의 우익들이다. 저만치 뒤쳐져 있던 한국이 어느새 자신들의 라이벌로 앞을 가로막고 있다고 생각하니 인정하기 어렵다는 것이다. '일본 최고', '메이드인 저팬 넘버원'은 이들에게 다시 돌아가고 싶은 절대 명제다.

이들은 일본의 전통과 자부심으로 충만한 사회적 가치관이나 관념을 복원하고 싶은 것이다. 이 상황에 이해관계가 들어맞은 세력이 다름 아닌 아베 정권이었다. 일본회의 같은 우익 단체에게 아베는 '메시아'와 같은 존재였던 것이다.

반면 한국은 민주화와 경제성장을 동시에 일군 자신감을 바탕으로 일본을 바라보던 과거의 시각을 많이 바꾸었다. 아직도 일본 사회를 본보기로 여기면서 칭찬을 아끼지 않는 사람들도 있지만, 이제는 일본을 한국과 대등하게 보는 시각이 늘고 있다. 좋은 현상이고 바람직하다.

그러나 무조건적인 '반일' 감정이 아직도 한국 사회를 지배하고 있는 것은 우려되는 대목이다. 물론 일본과는 과거 역사에서 비롯된 많은 문제를 안고 있는 것도 사실이다. 치욕의 역사를 멍에처럼 안고 있는 한국인에게 일본은 특별한 감정의 대상일 수밖에 없다.

설령 일본을 견제하고 비방하더라도 선입견이나 감정에 의해서가 아닌, 현상에 대한 사실 확인과 냉정한 분석을 통해 칭송이나 비난을 해야 하지 않을까 생각한다. 이는 일본인에게도 똑같이 적용되는 말이기도 하다. 이는 양국에서 지금까지 인생의 절반을 살아오면서 몸으로 부대끼며 터득한 필자의 경험에서 나온 결론이다. 이것이 감히 이 책을 쓰게 되는 계기가 되었다.

일본 정치를 들여다보며 일본 사회의 변화와 향방을 나름대로 이해하고 예측할 수 있을 것이라 기대했다. 그러나 정치를 재미있게 이야기 형식으로 풀어가려던 애초의 생각과는 달리 글맛도 유려하지 못하고, 운치도 없는 무미건조한 문체로 일관한 것 같아 불만스럽다.

　책 내용은 필자의 독자적인 사고와 주관이 바탕이 되었으나, 일부 참조한 출처를 밝히기 위해 마지막에 참고 문헌을 수록해 놓았다. 더 깊은 관심을 갖는 독자께서는 이를 참조해주시기 바란다. 글을 마무리하려니 두려움이 앞선다. 일본을 이해하는 데 조금이라도 도움이 되었다면 망외(望外)의 기쁨이지만, 사실 오류나 잘못된 기술에 대해서는 독자 제현의 질정을 바라 마지않는다.

에필로그

고국을 떠나 도쿄에 정착한 지 어언 28년이란 시간이 흘렀다. 이십대의 꿈 많은 청춘으로 시작한 일본 생활이 어느덧 대학생 둘과 고등학생과 중학생 아이 넷을 둔 다둥이 아빠로 오십대 중년이 되었다. 그간 흘러간 세월의 두께만큼이나 주름과 흰머리가 자연스런 자화상을 본다.

한수 이북 철원과 포천의 경계인 관인이라는 벽지에서 태어나고 성장해선지, 한 치의 연고도 없는 거대도시 도쿄에 내던져진 삶은 결코 녹록하지 않았다. 그러나 뭐든 할 수 있다는 저돌적인 정신과 선천적으로 게으른 성격 덕분에 힘든 것도 힘든 줄 모르고 앞만 보고 달려왔다.

수 년 전 어느 날, 함께 유학길에 올라 도쿄에 자리 잡은 친구의 권유를 받는다. "자네 주변에도 신경 좀 쓰라"는 뜬금없는 힐책에 지나온 삶을 되돌아보았다. 고향의 부모 형제를 비롯해 한국의 친구와 지인들에게도 무심한 채, 속절없이 많은 시간이 흘렀음을 깨닫게 되었다. 그때부터 지난 삶이 헛되지 않았음을 증명이라도 해야 한다는 강박감에 고민하게 됐다. 그동안 공부하고 체험한 것을 정리하여 책을 내기로 결심하게 되었다.

그러나 언제나 그렇듯 책의 구상과 아이디어만 뇌리 속에서 뱅글뱅글 숨바꼭질할 뿐, 세상으로 나오기를 주저하고 있던 3년 전 4월, 선친께서 병마에 쓰러지는 천붕지통을 경험했다. 아버님을 보내드린 쓰라림이 겨우 아물어 가던 올 4월에는 하나뿐인 형수님을 갑작스레 떠나보내는 아픔을 또다시 겪어야 했다. 학교 선배이면서 형수이기도 했던 분이다. 하나뿐인 시동생에게 젊어서는 '도련님', 어른이 되어서는 '서방님'으로 다정다감하게 불러주시던 목소리를 이제 영원히 들을 수 없게 되었다. 4월은 잔인하기만한 달이 되고 말았다.

끝으로 어려운 출판 시장의 상황에도 졸고의 출판을 흔쾌히 결정해주신 효형출판 송영만 대표님을 비롯한 관계자 분들의 협력에 감사드리며, 졸고가 빛을 보기까지 세심한 배려와 정성을 다해주신 편집부 고여림 님께 지면을 빌어 깊은 감사의 말씀을 드린다.

마지막으로 백면서생 필자에겐 인생 최고의 친구이자 반려자인 아내(박귀영)와 언제나 아빠에게 사랑과 행복을 느끼게 해주는 네 아이들(상헌, 영연, 지연, 병헌)에게 사랑과 고마움을 전한다.

이 책 속에 녹아있는 사고와 인식의 편린들, 그것은 일본에서 28년간 살아온 필자의 삶의 총화이기도 하다. 이 책을 아버님과 형수님의 영전에 바친다.

유난히도 찜통더위가 기승을 부리는
8월 초 도쿄에서
이헌모

주요 참고 문헌 (일본어 서적)

- 池田信夫(이케다 노부오), 『「強すぎる自民党」の病理(너무 강한 자민당의 병리)』, PHP新書 (PHP신서), 2016.
- 牧原出(마키하라 이즈루), 『「安倍一強」の謎(아베 일강의 수수께끼)』, 朝日新聞出版(아사히신문 출판), 2016.
- 村上誠一郎(무라카미 세이치로), 『自民党ひとり良識派(자민당 나홀로 양식파)』, 講談社現代 新書(고단샤 겐다이 신서), 2016.
- 飯島勲(이이지마 이사오), 『政治の急所(정치의 급소)』, 文春新書(분슌 신서), 2014.
- 田崎史郎(다자키 시로), 『安倍官邸の正体(아베 관저의 정체)』, 講談社現代新書(고단샤 겐다이 신서), 2014.
- 御厨貴(미쿠리야 다카시), 芹川洋(세리가와 요이치), 『日本政治ひざ打ち問答(일본 정치의 알 기 쉬운 문답)』, 日経プレミアシリーズ(닛케이 프리미어 시리즈), 2014.
- 山口敬之(야마구치 노리유키), 『総理(총리)』, 幻冬舎(겐토샤), 2016.
- 中北浩爾(나카기타 고우지), 『自民党―「一強」の実像(자민당―일강의 실상)』, 中公新書(주코 신 서), 2017.
- 中野晃一(나카노 고이치), 『右傾化する日本政治(우경화하는 일본 정치)』, 岩波新書(이와나미 신서), 2016.
- 大下英治(오오시타 에이지), 『安倍官邸「権力」の正体(아베 관저 권력의 정체)』, 角川新書(가도 카와 신서), 2017.
- 足立康史(아다치 야스시), 『永田町アホばか列伝(나가타초 바보 열전)』, 悟空出版(고쿠 출판), 2017.
- 青木理(아오키 오사무), 『安倍三代(아베 삼대)』, 朝日新聞出版(아사히신문 출판), 2017. (『아베 삼대』, 길윤형 옮김, 서해문집, 2017.)
- 俵義文(타와라 요시후미), 『日本会議の全貌(일본회의의 전모)』, 花伝社 (카덴샤), 2016.
- 山崎雅弘(야마자키 마사히로), 『日本会議―戦前回帰への情念(일본회의―전전 회귀에의 정 념)』, 集英社新書(슈에이샤 신서), 2016.
- 菅野完(스가노 타모쓰), 『日本会議の研究(일본회의의 연구)』, 扶桑社(후소샤), 2016.
- 御厨貴(미쿠리야 다카시), 『政治家の見極め方(정치가의 판별법)』, NHK出版新書(NHK출판 신서), 2016.
- 岡崎守恭(오카자키 모리야스), 『自民党秘史―過ぎ去りし政治家の面影 (자민당 비사―지난 정 치가의 그림자)』, 講談社現代新書(고단샤 현대 신서), 2018.

전후(戰後) 역대 수상 연표
(1945년 8월 15일 이후~)

*제46대 총리대신부터는 현행 일본국 헌법에 의해 임명되었다.

대		내각총리대신	내각	재임기간·일수	비고
42		스즈키 간타로 (鈴木貫太郎)	스즈키 간타로 내각	1945.4.7~1945.8.17 (133일)	거국일치 내각
43		히가시쿠니노미야 나루히코오 (東久邇宮稔彦王)	히가시쿠니노미야 내각	1945.8.17~1945.10.9 (54일)	1945.9.6 주권 포기
44		시데하라 기주로 (幣原喜重郎)	시데하라 내각	1945.10.9~1946.5.22 (226일)	주권 상실 하의 내각
45		요시다 시게루 (吉田茂)	제1차 요시다 내각	1946.5.22~1947.5.24 (368일)	〃
46		가타야마 데쓰 (片山哲)	가타야마 내각	1947.5.24~1948.3.10 (292일)	〃
47		아시다 히토시 (芦田均)	아시다 내각	1948.3.10~1948.10.15 (220일)	〃
48		요시다 시게루 (吉田茂)	제2차 요시다 내각	1948.10.15~1949.2.16 (125일)	〃
49		〃	제3차 요시다 내각	1949.2.16~1952.10.3 (1,353일)	1952.4.28 주권 회복
50		〃	제4차 요시다 내각	1952.10.30~1953.5.21 (204일)	자유당 총재
51		〃	제5차 요시다 내각	1953.5.21~1954.12.10 (569일)(통산 2,616일)	〃
52		하토야마 이치로 (鳩山一郎)	제1차 하토야마 내각	1954.12.10~1955.3.19 (100일)	일본 민주당 총재
53		〃	제2차 하토야마 내각	1955.3.19~1955~11.22 (249일)	〃

대	내각총리대신	내각	재임기간·일수	비고
54	〃	제3차 하토야마 내각	1955.11.2~1956.12.23 (398일)(통산 745일)	자민당 총재
55	이시바시 단잔 (石橋湛山)	이시바시 내각	1956.12.23~1957.2.25 (65일)	
56	기시 노부스케 (岸信介)	제1차 기시 내각	1957.2.25~1958.6.12 (473일)	
57	〃	제2차 기시 내각	1958.6.12~1960.7.19 (769일)(통산 1,241일)	1960년 미일 신안보조약을 체결하고 하야
58	이케다 하야토 (池田勇人)	제1차 이케다 내각	1960.7.19~1960.12.8 (143일)	
59	〃	제2차 이케다 내각	1960.12.8~1963.12.9 (1,097일)	
60	〃	제3차 이케다 내각	1963.12.9~1964.11.9 (337일)(통산 1,575일)	
61	사토 에이사쿠 (佐藤栄作)	제1차 사토 내각	1964.11.9~1967.2.17 (831일)	전후 최장수 총리 한일 국교 정상화 오키나와 일본 반환 노벨 평화상 수상
62	〃	제2차 사토 내각	1967.2.17~1970.1.14 (1,063일)	
63	〃	제3차 사토 내각	1970.1.14~1972.7.7 (906일)(통산 2,798일)	
64	다나카 가쿠에이 (田中角栄)	제1차 다나카 내각	1972.7.7~1972.12.22 (169일)	
65	〃	제2차 다나카 내각	1972.12.22~1974.12.9 (718일)(통산 886일)	록히드 사건으로 체포
66	미키 다케오 (三木武夫)	미키 내각	1974.12.9~1976.12.24 (747일)	
67	후쿠다 다케오 (福田赳夫)	후쿠다 내각	1976.12.24~1978.12.7 (714일)	
68	오히라 마사요시 (大平正芳)	제1차 오히라 내각	1978.12.7~1979.11.9 (338일)	
69	〃	제2차 오히라 내각	1979.11.9~1980.6.12 (217일)(통산 554일)	내각 불신임안 가결로 해산 총선거 중 급사
~	이토 마사요시 (伊藤正義)	제2차 오히라 내각	1980.6.12~1980.7.17	내각 총리대신 임시 대리

대		내각총리대신	내각	재임기간·일수	비고
70		스즈키 젠코 (鈴木善幸)	스즈키 젠코 개조 내각	1980.7.17~1982.11.27 (864일)	
71		나카소네 야스히로 (中曽根康弘)	제1차 나카소네 내각	1982.11.27~1983.12.27 (396일)	국철, 전전 공사, 전매 공사 민영화 (현재의 JR, NTT, JT)
72		〃	제2차 나카소네 내각	1983.12.27~1986.7.22 (939일)	
73		〃	제3차 나카소네 내각	1986.7.22~1987.11.6 (473일)(통산 1,806일)	
74		다케시타 노보루 (竹下登)	다케시타 내각	1987.11.6~1989.6.3 (576일)	리쿠르트 사건
75		우노 소스케 (宇野宗佐)	우노 내각	1989.6.3~1989.8.10 (69일)	
76		가이후 도시키 (海部俊樹)	제1차 가이후 내각	1989.8.10~1990.2.28 (203일)	
77		〃	제2차 가이후 내각	1990.2.28~1991.11.5 (616일)(통산 818일)	
78		미야자와 기이치 (宮澤喜一)	미야자와 내각	1991.11.5~1993.8.9 (644일)	
79		호소카와 모리히로 (細川護煕)	호소카와 내각	1993.8.9~1994.4.28 (263일)	자민당에서 반자민당 연립 정권으로 정권 교체
80		하타 쓰토무 (羽田孜)	하타 내각	1994.4.28~1994.6.30 (64일)	신생당 당수
81		무라야마 도미이치 (村山富市)	무라야마 내각	1994.6.30~1996.1.11 (561일)	1995.1.17 고베대지진. 자민당, 사회당, 신당 사키가케의 연립 정권
82		하시모토 류타로 (橋本龍太郎)	제1차 하시모토 내각	1996.1.11~1996.11.7 (302일)	자민당, 사회당, 신당 사키가케의 연립 정권
83		〃	제2차 하시모토 내각	1996.11.7~1998.7.30 (631일)(통산 932일)	자민당 연립 정권에서 단독 정권으로 복귀
84		오부치 게이조 (小渕恵三)	오부치 내각	1998.7.30~2000.4.5 (616일)	

대	내각총리대신	내각	재임기간·일수	비고
85	모리 요시로 (森喜朗)	제1차 모리 내각	2000.4.5~2000.7.4 (91일)	
86	〃	제2차 모리 내각	2000.7.4~2001.4.26 (297일)(통산 387일)	
87	고이즈미 준이치로 (小泉純一郎)	제1차 고이즈미 내각	2001.4.26~2003.11.19 (938일)	
88	〃	제2차 고이즈미 내각	2003.11.19~2005.9.21 (673일)	우정사업 민영화
89	〃	제3차 고이즈미 내각	2005.9.21~2006.9.26 (371일)(통산 1,980일)	
90	아베 신조 (安倍晋三)	제1차 아베 내각	2006.9.26~2007.9.26 (366일)	
91	후쿠다 야스오 (福田康夫)	후쿠다 야스오 내각	2007.9.26~2008.9.24 (365일)	67대 총리대신 후쿠다 다케오와 부자지간
92	아소 다로 (麻生太郎)	아소 내각	2008.9.24~2009.9.16 (358일)	
93	하토야마 유키오 (鳩山由紀夫)	하토야마 유키오 내각	2009.9.16~2010.6.8 (266일)	자민당에서 민주당으로 정권 교체
94	간 나오토 (菅直人)	간 내각	2010.6.8~2011.9.2 (452일)	2011.3.11 동일본 대지진
95	노다 요시히코 (野田佳彦)	노다 내각	2011.9.2~2012.12.26 (482일)	민주당 대표
96	아베 신조 (安倍晋三)	제2차 아베 내각	2012.12.26~2014.12.24 (729일)	민주당에서 자민당으로 정권 교체, 아베 재기
97	〃	제3차 아베 내각	2014.12.24~2017.11.1 (1,044일)	아베노믹스 해산 총선거
98	〃	제4차 아베 내각	2017.11.1~